부활,

역사인가 믿음인가?

부활, 역사인가 믿음인가?

초판 1쇄 인쇄 2019년 10월 21일
초판 1쇄 발행 2019년 10월 25일

지은이 　옥성호
펴낸이 　정해종

책임편집 　김지환
디자인 　책은우주다
제작 　정민인쇄
펴낸곳 　㈜파람북
출판등록 　2018년 4월 30일 제2018-000126호
주소 　서울특별시 마포구 양화로12길 8-9, 2층
전자우편 　info@parambook.co.kr 　인스타그램 param.book
페이스북 　www.facebook.com/parambook/ 　네이버 포스트 m.post.naver.com/parambook
대표전화 　(편집) 02-2038-2633

ⓒ옥성호, 2019
ISBN 979-11-90052-14-6　03230

부활,

역사인가
믿음인가

아나스타시스
ἀνάστασις

옥성호 지음

파람북

| 일러두기 |

1. 개역개정이 널리 알려진 구절을 제외하고는 새번역 성경을 인용했다.
2. 원서에서 직접 가져온 인용문은 모두 저자가 번역했다.

2014년 4월 세월호가 침몰했다.

시간이 흐르면서 도저히 믿기 힘든 소식이 하나둘 보도되기 시작했는데, 세월호의 침몰 소식을 듣고도 대통령이 아무런 대응도 하지 않았다는 것이 아닌가? 승객을 구조할 수 있는, 이른바 '골든타임'은 말할 것도 없고, 배가 완전히 가라앉고도 한참 지난 7시간 동안 대통령이 어디서 뭘 했는지 알 수 없다는, 말 그대로 '괴담'에 가까운 소식이 들리기 시작했다.

"아니, 그게 무슨 소리예요? 세월호가 무슨 추석 연휴에 침몰했어요? 아니, 대통령이 해외 순방 중이었나요? 좀 그럴듯하게 지어내세요."

많은 사람이 말도 안 되는 소리라고 생각한 건 당연했다. 인간의 머리에는 양팔 저울이 들어 있다. 어떤 말이 사실인지 아닌지를 판단하는 메커니즘에 따라 움직이는 이 양팔 저울의 한쪽에는 하루하루 살면서 쌓은 '경험과 합리성'의 추가, 다른 한쪽에는 어떤 주장을 입증하는 '증거'의 추가 올라간다. '국민의 생명이 걸린 중요한 7시간 동안 대통령이 어디서 뭘 했는지 모른다'는 말을 듣는 순간, '경험과 합리성'의 추는 이 보도를 믿지 못하는 팔에 무게를 싣는다. 동사무소 동장도 아니고, 한 나라의 대통령이 그 중요한 상황에서 무려 7시간 동안 사라졌다는 주장은 '경험과 합리성'에 비추어볼 때, 차마 상상하기 힘들기 때문이다. 그런데 대통령의 부재를 확인해주는 사실이 하나둘 나오면서 사라진 7시간을 믿는 쪽 팔에 증거의 추가 올라가더니, 저울이 반대편으로 서서히 기울기 시작했다. 그중에서도 특히, 늦은 오후가 되어서야 올림머리를 하고 중대본에 나타난 박 전 대통령의 다음 말은, 최소한 내게는 해머로 머리를 내리치는 것처럼 무겁고 충격적인 증거였다.

"다 그렇게 구명조끼를, 학생들은 입었다고 하는데 그렇게 발견하기가 힘듭니까?"

'아, 어떻게 저런 질문을… 지금 상황이 어떻게 돌아가는지 전혀 모르고 있구나. 아니, 7시간 동안 어디서 잠이라도 잤나?'

놀라운 주장일수록, 압도적인 증거가 필요하다.

놀라운 주장일수록, 말이 안 되는 주장일수록, '경험과 합리성'의 추가 저울의 팔을 강하게 누르기 때문이다. 물론 모두에게 다 그런 건 아니다. 아무리 말이 안 되는 소리라도 맘 편하게 해도 되는 대상이 있다. 아이들이다. 아이들에게는 축적된 '경험과 합리성'이 거의 없기에 어떤 황당한 주장도 그냥 다 믿는다. 굳이 증거를 제시할 필요도 없다.

세뇌는 그렇게 이뤄진다. 어떤 주장을 반박할 경험과 합리적 판단력이 전혀 없는 사람의 머릿속에 말도 안 되는 주장을 징으로 때려서 새겨 넣는 것, 그게 세뇌다.[1] 비록 어린 시절 허황된 이야기로 세뇌되었더라도 나이를 먹으면서 점점 더 경험과 합리적 이성에 근거해서 '생각이라는 것'

---

1   성인이라고 해서 다 세뇌에서 자유로운 것은 아니다. 개인적으로 매우 힘든 상황에 처해 있다던가 아니면 집단 최면과 같은 광적인 분위기에 쏠리는 경우라면, 경험과 합리성은 언제라도 마비되고 작동이 중지된다. 성인이 되어서 종교를 가졌음에도 광적인 집착을 보이는 사람들의 상당수가 이런 경우에 해당한다.

을 하는 게 인간의 자연스러운 성장 과정이다. 모태신앙 기독교인이라도 때가 되면, '합리적인 회의와 의심'을 하는 게 너무나 당연한 이유다. 창조에 대해서, 지구의 나이에 대해서, 동정녀 탄생에 대해서 등. 그런데 성인이 되고도 어릴 때와 조금도 다르지 않다면, 그건 믿음이 깊어서가 아니라 독립적이고 객관적인 사고력에 심각한 문제가 있기 때문이다. 그러나 종교는, 특히 기독교는 상황이 그렇게 단순하지 않다.

합리성에 근거한 독립적인 생각이 매우 복잡한 파장을 내포하기 때문이다. 저주를 퍼부으면서 고향을 등진 사람도 나이가 들면 고향을 그리워하듯이, 교회의 향수가 주는 아련함은 이성적으로 분석할 수 없다. 어린 시절이나 예민한 사춘기를 신앙 속에서 보낸 사람들에게 신앙은 단순한 합리성의 문제가 아니다. 게다가 기독교의 내세관은 어떤가? 어릴 때부터 무의식에 깊이 뿌리내린, 불타는 영원한 지옥이라는 공포는 어른이 되었다고 쉽게 극복할 수 있는 게 아니다. 게다가 이리저리 얽히고설킨 교회 속 인간관계까지. 평생 쌓은 인간관계를 포기하는 것이야말로 가장 '합리적'이지 않음을 누구나 다 '경험적으로' 잘 안다. 교회를 다니지 않는 자식과는 부자의 연을 끊겠다는 독실한 기독교인 부모, 신앙을 포기하면 당장 이혼하겠다는 배우자,[2] 아무리 냉철한 이성도 이런 협박 앞에서는 힘을 잃기 마련이다. '경험과 합리성'의 추가 올라가는 저울의 팔이 기독교

---

2 칼빈주의의 다른 이름이기도 한 개혁주의에 따르면 신앙은 개인이 아닌 성령이 주는 것이다. 따라서 불평하고 협박해야 할 대상은 '못 믿겠다'는 누군가가 아니라 성령이 되어야 한다. '성령님, 우리 남편, 자식, 부인 등에게 믿음을 주지 않으면 나도 더 이상 당신을 믿지 않겠습니다'라고 따지는 게 맞다. 물론 이것도 말이 안 된다. 내가 안 믿겠다고 해서 안 믿을 수 있는 게 아니니까, 그것도 결국은 성령에게 달린 문제니까 말이다.

인의 경우 아예 움직이지 않는 이유이기도 하다.

이 책은 '부활'을 다룬다.

기독교가 들어온 지 무려 100년이 훨씬 더 지났지만, 내가 아는 한 우리나라에 이런 책은 없었다. 부활을 '신앙의 눈'으로 검증(?)하고 옹호한 책은 꽤 있을지 몰라도, 합리적 사고로 그 문제를 파헤친 시도는 여태 단한 번도 없었다. 비록 실험을 통한 과학적 검증은 불가능하겠지만, 역사적으로 검증할 수 있음에도 아직 우리나라 기독교에서는 그런 시도가 아예 없었다. 그런 점에서 이 책은 나름 중요한 의미가 있다고 자평한다.

결국 역사는 대체로 이례적이고 반복될 수 없는 것들에 관한 연구다.[3]

그러면 도대체 어떻게 지나간 역사를 연구한다는 걸까? 이 책은 합리성과 상식에 비춰 부활이라는, 매우 이례적이고 반복될 수 없는 한 사건을 검증할 것이다. 인류 역사상 단 한 번도 죽은 사람이 다시 살아난 적이 없기에, 어린 시절부터 세뇌당하지 않은 사람이라면 부활이라는 말처럼 '경험과 합리성'의 추가 올라가는 저울의 팔을 아래로 누르는 것도 없을 것이다. 이미 바닥까지 내려가버린 저울의 팔을 끌어올리는 길은 오로지 하나, 반대편 팔에 올라갈 증거의 추뿐이다. 어중간한 무게로는 어림도 없다. 말 그대로 '압도적인 증거'가 필요하다.

기독교인 변증학자(앞으로 '변증학자'로 줄여 부른다)는 하나같이 자신 있게 주장한다. 부활의 증거는 워낙 압도적이라서, 선입관만 배제한다면 누구

---

3   N. T. 라이트, 박문재 옮김, 『하나님의 아들의 부활』(크리스천다이제스트, 2005), 1089쪽.

나 예외 없이 부활의 역사성을 확인할 수 있다고 한다. 그런 주장을 하는 대표적인 사람들 중 하나가 전직 기자였다가 기독교인으로 회심하고 목사가 된, 또 베스트셀러 『예수는 역사다』(두란노, 2002)의 저자로도 유명한 리 스트로벨[4]이다. 가히 '부활 전도사'라고 불러도 과언이 아닐 정도로 부활의 역사성을 증명하는 데 주력해온 그는, 얼마 전 플레이보이지 창업자 휴 헤프너[5]에게도 부활을 증거해서 언론의 주목을 받았다.[6] 리 스트로벨은 한 강의에서 이렇게 주장했다.

예수 그리스도의 부활에 대한 증거는 너무나 압도적이라서, 다른 게 아닌 바로 그 증거가 당신으로 하여금 한 치 의심의 여지도 없이 부활을 역사적 사실로 받아들일 수밖에 없도록 강하게 몰아붙인다고, 나는 이 자리에서 분명히 말하고 싶다.[7]

---

4   1952년 미국 일리노이주 출생. 철저한 무신론자에서 집요한 영적 탐구자로, 냉소적 회의론자에서 열정적 복음주의자로 거듭난 그리스도인이다. 미주리대학교(저널리즘학사)와 예일대학교 로스쿨(법학석사)에서 공부했다. 《시카고 트리뷴》에서 법률 전문 부장을 지낸 것을 비롯해 14년간 언론계에 몸담은 노련한 저널리스트였다. 당시 공익언론 분야에서 UPI 통신사로부터 일리노이주 최고상을 받았고, 그가 이끈 팀은 일리노이주 탐사보도 분야 UPI 최우수상에 선정되었다.(출처: 알라딘)

5   휴 마스턴 헤프너Hugh Marston Hefner(1926.4.9.~2017.9.27)는 미국에 있는 플레이보이 엔터프라이즈 주식회사의 창업자다. 1953년 남성용 성인 잡지인 《플레이보이》를 창간했다. 플레이보이의 토끼머리 로고는 세계에서 가장 잘 알려진 상표 중 하나다. 휴 헤프너는 성에 관해서 청교도적인 엄격한 기준을 가지고 있던 미국에 《플레이보이》라는 거대한 포르노 왕국을 건설했다. 자기 자신을 단순한 사업가라기보다는 성혁명가, 사회운동가라고 이야기한다. 텔레비전 방송에 다수의 동거녀와 함께 출연하거나, 이제까지 동침한 여자가 2,000명이 넘는다는 발언을 서슴지 않는 등 엽기적이고 충격적인 행위를 공개적으로 해왔다.(출처: 한국 위키피디아)

6   http://kr.christianitydaily.com/articles/93742/20171011/예수는-역사다-리-스트로벨-휴-헤프너에게-복음-전한-사연.htm.

7   https://jesusonline.com/pvideoevidence-jesus-was-god-2-of-2/.

과연 그럴까? 과연 이 정도로 부활에 대한 증거가 압도적일까? 인류 역사에서 '부활'만큼은 아니지만, 엄청난 주장이 몇 번 있었다. 그중 대표적인 게 이것이다.

"섬 하나가 통째로 가라앉아서 그 섬에 있던 모든 사람이 다 죽었다."

바로 폼페이섬의 이야기다. 그리고 우리는 그런 일이 실제로 있었다는 것을 안다. 로마 귀족의 휴양지였던 이 섬은 서기 79년에 베수비오 화산이 폭발하면서 바다에 가라앉았다. 화산이 폭발하고 불과 18시간 만에 무려 1만 6,000여 명이 화산재에 덮여 생매장당한 이 사건, 무려 2,000년 전에 일어난 이 엄청난 사건의 역사성을 의심하는 사람은 아무도 없다. 왜 그럴까? 화산재에 쌓인 시신을 비롯해서, 고고학 증거가 차고 넘치기 때문이다. 화산 폭발 시점을 놓고는 아직도 논쟁이 계속되지만, 역사적 사실 자체를 의심하는 사람은 단 한 명도 없다. 그렇다면 '가라앉은 폼페이섬'보다 더 엄청난 사건, '죽은 사람이 살아났다는' 부활은 폼페이 섬보다 더 압도적인 증거를 가지고 있을까?

희귀한 병일수록 자세한 검사가 필요하다. 심한 구토 때문에 병원에 온 사람에게 의사가 '라이 증후군'[8]이라는 희귀병 진단을 내리는데, "아, 그렇군요…"라고 고개를 끄덕이고 돌아가는 환자는 없다. 놀라운 주장에 더 많은 증거가 필요한 것처럼, 희귀한 병일수록 더 정밀한 검사가 필요하기 때문이다. 부활 주장에는 '라이 증후군'을 확진하는 데 필요한 검사보다 더 정밀한 추적이 필요하다.

---

8   라이 증후군Reye syndrome은 급속 진행성 뇌증이다. 증상으로는 구토, 성격 변화, 혼란, 발작, 의식 불명을 포함한다. 간독성이 일반적으로 발생하지만, 황달은 흔히 발생하지 않는다. 사망률은 라이 증후군 환자 중 20~40%에 달하며 생존자 중 약 3분의 1이 상당한 뇌손상을 겪는다.(출처: 위키피디아)

맹목적으로 믿는다는 고백 대신, 압도적인 증거와 정밀한 추적이 필요한 주제가 다름 아닌 부활이다. 부활이 과연 역사인지 아니면 믿음의 고백에 불과한지를, 이 책은 집요하게 추적할 것이다.

신약성경에는 매우 중요한 구절이 하나 나온다. 사도 바울이 예수를 만난 후에 예루살렘으로 가는 대신, 아라비아로 갔다가 3년이 지나서야 예루살렘에 갔다는 내용이다.

삼 년 뒤에 나는 게바를 만나려고 예루살렘으로 올라갔습니다. 나는 그와 함께 보름 동안을 지냈습니다. 그러나 나는 **주님의 동생**[1] 야고보밖에는, 사도들 가운데 아무도 만나지 않았습니다.

(갈라디아서 1:18-19)

마태복음에서 시작하는 신약성경을 면밀히 읽은 사람이라면, 사도행전에 갑자기 등장하는 '야고보'라는 인물 때문에 혼란을 느껴야 한다. 그렇지 않다면, 그건 정말로 이상한 일이다. 게다가 그 야고보라는 사람이 바울이 쓴 갈라디아서에 따르면, 다름 아닌 예수의 '친동생'이다.

복음서[2]는 예수의 가족을 일관되게 부정적으로 그린다!

───────────────

1   개역개정은 동생이 아닌, '형제'라고 표기했다. "주의 형제 야고보 외에 다른 사도들을 보지 못하였노라."

동생들은 말할 것도 없고, 남자의 정자가 아닌 성령으로 예수를 임신한 어머니 마리아조차 아들이 미쳤다며 잡으러 다녔던 사람으로 나온다.(마가복음 3:20-21) 아니, 이게 말이나 되는 소리일까? 하도 어이가 없어서 차마 믿을 수 없을 정도다.[3] 게다가 예수에게도 중요한 대상은 가족이 아닌 제자들, 또 그를 믿는 사람들이었다. 예수는 자기를 미쳤다며 찾아온 가족을 밖에 두고 이렇게 말했다.

누가 내 어머니이며, 내 형제들이냐? …… 누구든지 하나님의 뜻을 행하는 사람이 곧 내 형제요 자매요 어머니다.

(마가복음 3:33, 35)

예수가 미쳤다면서 잡으러 다닌 사람 중에는 아마도 동생 야고보가 있었을 것이다. 예수가 저 밖에 있는 사람들은 사실상 내 가족이 아니라고 말했을 때, 야고보의 얼굴이 분노로 붉어졌을지도 모르겠다. 그런데 갑자기 사도행전에 가면 교회의 우두머리로 예수의 수제자 베드로가 아닌, 야고보가 나온다. 바울이 쓴 갈라디아서 덕분에 우리는 그가 다름 아닌 예수의 친동생임을 알게 된다. 이 사실은 분명히 복음서 저자들에게 심각한 문제가 되었을 것이다.

---

2 신약성경은 총 27권으로 이뤄져 있다. 대부분이 서신서인 신약성경에서 예수의 생애를 다룬 책은 딱 4권뿐이다. 그 4권을 '복음서'라고 부른다. 마태, 마가, 누가, 요한복음이다.

3 마가복음 저자는 왜 마리아를 그렇게 '이상한 사람'으로 그렸을까? 천사에게 성령 임신 소식을 듣고 놀라운 신앙고백까지 한 마리아가 왜 졸지에 복음을 전하는 예수를 잡으러 다니는 사람이 되었을까? 마가복음을 쓰던 당시에는 마태복음이 없었기 때문이다. 그러니까 예수가 처녀의 몸에서 태어났다는 마태복음이 쓰이기 전이다. 처녀 탄생은 전적으로 마태복음 저자의 창작물이다.

복음서 저자는 예수와 당시 유대인 사이에 건널 수 없는 깊은 골을 파고 싶어 했다. 그러기 위해서 예수는 동시대의 자기 동족과 전혀 다른 사람이 되어야만 했다. 그 결과 예수는 치욕적이고 잔인한 로마 제국의 통치를 받는 유대 땅에 살았음에도, 그 현실과 철저하게 무관한 인물로 그려졌다. 복음서 저자들에게 탄생부터 비범했던 예수가 보통 유대인처럼 가족을 중시하는 존재라는 것은 아예 상상할 수 없었다. 당연히 예수는 결혼도 하지 않았다. 예수는 동족은 말할 것도 없고, 가족으로부터도 철저하게 떨어진 특별한 존재여야만 했다. 예수에게 중요한 대상은 오로지 '믿음'으로 연결된 '영적 가족'이지 '육적 가족'이어서는 안 되는 것이었다. 그런 복음서 저자들에게 심각한 장애물이 존재했다. 바울이 쓴 다음 한 구절이 그것이었다.

그러나 나는 **주님의 동생 야고보**밖에는, 사도들 가운데 아무도 만나지 않았습니다.

주의 형제, 즉 예수의 동생 야고보가 예루살렘 교회의 책임자였다는 사실은 널리 알려져 있었다. 아니 예수가 보통 사람처럼 가족을 중시했을 뿐 아니라, 동생에게 자신의 자리까지 잇게 했다고? 그건 인간의 몸을 입은 신이 취할 태도가 아니었다. 그랬기에 바울이 별생각 없이 털어놓은 비밀, 예루살렘 교회의 지도자 야고보가 예수의 친동생이었다는 사실은 은폐되어야만 했다.[4]

신약성경을 진지하게 읽는 사람이라면 혼돈을 느끼는 게 당연한 이유

---

4   옥성호, 『야고보를 찾아서』(테리토스, 2018), 283~284쪽.

가 바로 여기에 있다. 복음서가 철저하게 은폐했던 사람, 야고보가 갑자기 등장하니까 말이다.[5] 복음서가 철저하게 역사적인 사실만을 기록했다고 믿는 보수정통 신학자들에게도 야고보는 문제가 되었다. 그래서 그런지, 이런 주장을 하는 사람들이 적지 않았다.

"이 구절은 주의 동생보다는 '주의 형제'라는, 기존의 성경 표현이 더 정확합니다. 왜냐하면 하나님 안에서 하나 된, 형제자매를 일컫는 일반적인 호칭이기 때문입니다. 지금도 우리는 교회에서 서로를 형제님, 자매님, 이렇게 부르지 않습니까? 따라서 바울의 이 단어를 놓고 예수님의 친동생으로 보는 것은 억지에 가깝습니다. 여기서 말하는 야고보는 예수님의 제자 중 한 명이었던 야고보, 그 야고보임이 틀림없습니다."

그럴까? 누가 더 억지일까? 두 가지 측면에서 이런 주장을 반론할 수 있다. 첫 번째로, 복음서를 보면 예수의 제자 야고보는 거의 언급되지 않는, 그저 그런 제자에 불과했다. 그런데 그가 갑자기 예루살렘 교회의 우두머리가 되고, 베드로와 요한까지 휘하에 거느리는 지위를 갖게 되었다고? 두 번째로 만약에 바울이 일반적인 믿음의 형제라는 의미로 썼다면, 그가 '주의 형제'라는 호칭을 야고보에게만 따로 떼어서 썼을 리가 없다.

삼 년 뒤에 나는 게바를 만나려고 예루살렘으로 올라갔습니다. 나는 그와 함

---

5   복음서를 쓴 저자는 누구도 자신들의 글이 바울의 서신서와 하나로 묶여서 '신약성경'으로 불릴 것은 상상도 하지 못했다.
6   개역개정은 동생이 아닌, '형제'라고 표기했다. "주의 형제 야고보 외에 다른 사도들을 보지 못하였라."

께 보름 동안을 지냈습니다. 그러나 나는 **주님의 동생**[6] 야고보밖에는, 사도들 가운데 아무도 만나지 않았습니다.

(갈라디아서 1:18-19)

야고보만 형제이고 게바는 형제가 아닌가? 당연히 바울이 이렇게 썼어야 하지 않았을까?

삼 년 뒤에 나는 **주님의 형제 게바**를 만나려고 예루살렘으로 올라갔습니다.

바울이 게바와 야고보를 구분할 뿐 아니라, 오로지 야고보 앞에만 '주의 형제'라는 수식어를 쓴 이유는 분명하다. 그가 예수의 친동생이었기 때문이다. 그리고 몇 구절 지나서 바울은 예루살렘 교회의 책임자가 누구인지를, 서열을 분명히 한다. 예수의 수제자 베드로는 이인자이고, 요한은 삼인자다.

그래서 기둥으로 인정받는 야고보와 게바와 요한은.

(갈라디아서 2:9)

이게 내가 성경을 분석하는 방법이다. 초기 기독교를 연구하는 학자라면, 예외 없이 '역사성'을 인정하는 바울의 서신서를 내 논리의 근거 또는 기준점으로 삼는다. 바울 서신서는 신약성경 중에서 가장 먼저 쓰였을 뿐 아니라, 저자가 확인된 유일한 글이기도 하다. 그렇기에 내 논지는 철저하게 바울의 서신서를 바탕으로 할 것이다. 앞선 사례와 같이 바울이 분명

하게 말하는 야고보의 모습과 한참 후에 쓰인 복음서 속 야고보의 모습이
현저하게 다른 경우에, 나는 바울의 글이 팩트라는 전제 위에서 복음서의
진술을 분석한다는 뜻이다. 예를 들면, 이런 거다.

1. 복음서에 의하면 예수의 동생 야고보는 예수를 믿지 않았다.
2. 복음서에 의하면 예수는 가족에게 별 관심이 없었다.

위의 두 가지 사실을 인정하는 사람 중에서는 야고보가 부활을 보고 바
뀌었다고, 그렇기에 야고보야말로 부활의 증거라고 주장한다. 부활 때문
에 그가 결국 예루살렘 교회의 지도자까지 될 수 있었다고 한다. 상식적
으로 생각할 때, 그게 말이 될까? 예수의 사역 내내 그를 의심하던 동생이
단지 부활을 보고 회심했다고 단숨에 예수와 동고동락한 제자들을 거느
리는 우두머리가 될 수 있었을까? 게다가 예수는 가족을 평소에 별로 중
시하지도 않고, 그에게 중요한 건 언제나 '영적 가족'이었는데? 게다가 성
령으로 잉태된 예수와 야고보는 엄격한 의미로 진짜 형제도 아닌데, 야고
보가 '혈육'을 강조하면서 리더십을 주장하는 게 과연 통했을까?

"야, 너 미쳤어? 우리는 다 예수님의 십자가 안에서 형제, 자매야. 네가
그동안 뭘 했어? 네가 주님을 위해서 뭘 했다고, 지금 예루살렘 교회를 달
라는 거야? 뭐야, 이거 세습하겠다는 거야? 예수님이 가장 반대하셨을 육
적 세습을 하겠다는 거야?"

이런 말이 나오는 게 당연하지 않았을까? 그렇기에 복음서가 그리는
예수와 야고보의 모습에서 '예루살렘 교회의 지도자 야고보'는 등장할 여
지가 아예 없다고 보는 게 훨씬 더 자연스럽다. 따라서 바울의 진술이 진

실 또는 진실에 가깝다는 전제에 따라서 나는 복음서가 그리는 예수와 야고보의 모습은 신학적으로 채색된, 역사성과는 전혀 관계없는 내용이라고 볼 수밖에 없다. 달리 말하면, 복음서의 내용과 정반대로 예수의 동생 야고보는 예수의 사역 내내 그의 오른팔이 되어서 형을 도왔을 것이다. 그렇기에 예수가 죽었을 때 동생이 뒤를 잇는 것은 너무도 당연했을 것이다. 수제자 베드로조차 야고보의 리더십을 인정하고 기꺼이 그에게 복종했을 것이다.

마찬가지로 복음서의 내용과 정반대로 예수는 가족을 매우 중시했을 것이다. 누구보다 어머니와 형제들을 사랑했을 것이다. 어머니 마리아가 미쳤다면서 아들을 잡으러 다니는 일은 상상도 할 수 없었을 것이다. 어머니는 생명을 내어놓고 아들을 도왔을 것이다. 그리고 예수가 죽은 후 자연스럽게 예수의 남은 가족이 예루살렘 교회의 중심 세력이 되었을 것이다. 이게 내가 '부활'의 역사성을 조사하는 방식이다.

가장 유명한 한국의 신학자 딱 한 명을 꼽으라면, 적지 않은 사람들이 박윤선 박사[7]를 들 것이다. 아직도 박윤선 박사가 쓴 신구약 주석을 참고하는 목회자가 적지 않다. 중학교 때 중고등부 담당 목사에게 들은 이야기는 아직도 귀에 생생하다.

"박윤선 박사님이 성경 주석을 쓰실 때 성경 구절이 이해되지 않으면

---

7   박윤선(1905.12.11.~1988.6.30)은 평안북도 철산 출신으로 박형룡, 한상동과 더불어 한국의 대표적인 1세대 칼빈주의 신학자로 한국교회의 개혁주의 정통신학과 신앙이 뿌리내리는 데 기여한 인물이다. 박윤선은 숭실대학교에서 공부한 후 미국의 웨스트민스터 신학교에서 수학한 후 1953년 10월부터 1954년 3월까지 5개월간 네덜란드로 유학하였고, 1979년 신구약 주석을 완간하였다. 고려신학교(고려신학대학원) 교장(1948~1960), 총신대학교 교장(1979~1980), 합동신학대학원대학교 교장(1980~1985)을 역임하였다. 그의 호는 정암正嚴이다.(출처: 한국 위키피디아)

바로 기도원으로 들어가셨어요. 그리고 며칠이고 기도하셨다고 합니다. '하나님, 이게 도대체 무슨 뜻인가요? 알려주세요. 이 부족한 종에게 그 뜻을 알려주세요'라고요. 왜 그러셨을까요? 성경의 저자는 성령님이니까요. 이해가 안 되면 저자에게 물어야지, 누구한테 묻겠어요? 그렇게 기도하면 하나님이 답을 주시고, 그래서 마침내 성경 전체 주석을 완성하셨습니다."

그때는 정말로 가슴이 먹먹했다. 박윤선 박사의 성경주석은 말 그대로 '기도로 완성한 주석'이라고, '하나님이 완성시킨 주석'이라고 생각했다. 이처럼 성경을 연구한다는 학자 중에도 '성경 무오설'에서 벗어나지 못하는 사람들이 적지 않다. '성경 무오설'을 받아들인다면, 난제를 만났을 때 텍스트를 분석하고 자료를 찾는 대신 기도하는 게 맞다. 박윤선 박사의 발자국을 따라가는 게 당연하다.[8] 그러나 부활을 논증하는 이 책은 전혀 다른 접근 방법을 취할 것이다. **기도하는 대신 철저하게 상식과 합리성을 바탕으로 '부활'을 추적할 것이다.** 신앙고백을 '연구 결과'라고 착각하는 보수정통 신학자와는 달리 정밀하게 증거를 추적할 것이다.

---

8   그런데 며칠을 밤을 새워 기도한다고, 내 머릿속에 없는 게 생길 수 있을까? 내가 들어본 적도 없는, 전혀 모르는 외국어 단어가 떠오를 수 있을까? 그런 일은 생기지 않을 것이다. 어차피 기도 응답이 내 머릿속에서 일어나는 작용인 이상, 내가 전혀 모르는 분야의 원리를 깨닫는 일이 생길 리 없는 것과 다르지 않다.

차례

01

몸 부활의
승리

부활, 역사인가 믿음인가?

"예수 부활에 관한 기록을 최초로 남긴 신약성경 저자가 누구라고 생각하세요?"

지난 며칠간 만난 기독교인에게 던진 질문이었다. 그중에는 한때 전도사였던 사람도 있었는데, 그를 포함해서 대답은 하나같았다.

"그야 당연히 마태복음을 쓴 마태지요."

신약성경이 마태복음으로 시작하기 때문이다. 참, 목사 한 사람은 다른 대답을 했다.

"당연히 예수님 부활은 복음서에만 다 나오니까 복음서 저자 중 한 명인데, 제일 먼저 쓰인 게 마가복음이니까, 마가겠네요."[1] 만약에 예수 부활을 가장 먼저 기록한 신약성경이 복음서라면 마가복음 저자일 것이다. 마가복음이 나온 김에, 그 책에 대해 조금 더 알아보자. 지금 기독교인 손에

---

1   신약성경은 예수의 생애를 기록한 유일한 기록인 복음서로 시작한다. 복음서는 마태복음에서 시작해서 마가복음, 누가복음, 그리고 요한복음으로 이어지는 4권을 의미한다. 신약성경을 펴면 가장 먼저 나오는 책이 마태복음이다 보니, 많은 기독교인은 마태복음이 가장 먼저 쓰인 복음서라고 착각한다. 그러나 최초의 복음서는 마가복음이다. 참고로 가장 먼저 쓰인 신약성경은 복음서 4권이 아닌, 서기 50년대 초 바울이 쓴 데살로니가전서다. 그럼 왜 더 늦게 쓰인 마태복음이 마가복음 앞에 있을까? 여러 이유가 있겠지만, 아마도 마가복음에는 아예 없는 예수의 족보와 탄생 이야기가 마태복음에 있기 때문일 것이다. 누구라도 생애는 탄생부터 시작하는 게 자연스러우니까.

들린 성경에는 마가복음이 16장 20절에서 끝나지만, '진본 마가복음'은 그보다 무려 12구절이나 적은 16장 8절에서 다음과 같이 끝난다.

그들은 뛰쳐나와서, 무덤에서 도망하였다. 그들은 벌벌 떨며 넋을 잃었던 것이다. 그들은 무서워서, 아무에게도 아무 말도 못하였다.

다른 복음서와 전혀 달리, 마가복음에는 부활한 예수를 만난 사람 이야기도 아예 없고, 그냥 빈 무덤을 확인한 여자들이 두려움에 떨며 무덤에서 도망가는 모습으로 끝난다.

무척 충격적으로 들리겠지만, 마가복음의 원래 초고에는 부활한 예수의 출현에 대한 이야기가 전혀 없었다! 우리의 가장 오래된 복음서 자료인 마가복음에 나오는 예수의 이야기는 텅 빈 무덤에서 끝난다. …… 어찌 된 연유인가 하면 원래 문헌이 쓰인 지 300년 이상 지난 뒤인 서기 4세기경에 마가복음을 필사하던 신심이 돈독한 사자생이 스스로 종결부를 꾸며내어 본문에 덧붙인 것이다! 이 조작된 종결부가 마가복음 16장 9절에서 20절까지의 내용이 되었지만, 더 오래되고 신빙성 있는 마가복음 사본에서는 이 내용을 찾아볼 수 없다. 그것은 사실 마태와 누가, 요한이 전하는 예수 목격담을 조악하게 짜 맞춘 것이다. 거기에는 특정적으로 마가의 글이라고 확인될 수 있는 독자적인 재료는 들어 있지 않으며, 그 부분을 쓴 그리스어 문체는 결정적으로 마가의 것과 다르다. 초기 교부 가운데 서기 3세기에 살았던 알렉산드리아의 클레멘트와 오리게네스는 이 '더 긴' 종결부가 있는 줄도 몰랐다. 그들 시절에는 그것이 아직 출현하지 않았기 때문이다.[2]

이건 제임스 타보르[3] 같은, 이른바 진보적인 학자들만의 일방적인 주장이 아니다. '신앙고백'과 '학문 연구'를 잘 구분하지 못하는 보수정통 신학자를 제외한 모든 학자가 100% 동의하는 내용이다. 인용문에서도 나오듯이 16장 8절까지의 문체와 그 뒤의 문체가 확연히 다를 뿐 아니라, 9절부터 20절까지의 문장 수준도 오리지널에 비해서 조악하기 이를 데 없다는 것이 학자들의 일관된 주장이다. 물론 보수정통 신학자 중에는 다음과 같은 파격적인 이현령비현령식으로 주장하는 사람도 적지 않다.

"원래 있던 것을 잃어버렸기 때문에 나중에 은혜로 찾아서 복원한 것에 불과하다. 그러니까 뒤에 첨부된 부분도 엄밀히 말해서 '첨부'가 아니라 '오리지널'이다."[4]

과연 그럴까? 정말로 8절 이후 내용이 복구된 오리지널일까? 그러나 후대에 누군가가 첨부한 이 부분의 허술함은 굳이 원문이 아니라 우리말 성경을 보아도 알 수 있을 정도다. 간단하게 그 내용을 살펴보자. 마가복음 16장은 예수의 무덤을 찾는 여자 세 명에 관한 이야기로 시작한다.

안식일이 지났을 때에, 막달라 마리아와 야고보의 어머니 마리아와 살로메는 가서 예수께 발라 드리려고 향료를 샀다. 그래서 이레의 첫날 새벽, 해가

---

2   제임스 D. 타보르 지음, 김병화 옮김, 『예수 왕조』(현대문학, 2006), 319~320쪽.
3   제임스 D. 타보르(1946~)는 성경학자이자 노스캐롤라이나대학교에서 고대 유대교와 초기 기독교를 가르치는 교수다. 그 이전에는 노트르담대학교(1979~1985), 윌리엄앤드메리대학교(1985~1989)에서 직책을 맡았다. 타보르는 영어 성경 새 번역본을 만들기 위해 설립된 비영리 단체, 오리지널 바이블 프로젝트의 설립자 겸 이사다. 그의 책 『예수 왕조』는 세계적 반향을 일으킨 명저로 꼽힌다.(출처: 위키피디아)
4   당시 성경은 지금처럼 페이지를 찢을 수 있는 책에 쓰인 게 아니라, 둘둘 감는 두루마리에 쓰였다는 사실을 생각하면 이런 변명은 더욱더 말이 되지 않는다.

막 돋은 때에, 무덤으로 갔다.

(마가복음 16:1-2)

그리고 마지막 구절인 8절에 이르러서 빈 무덤을 확인한 세 여자가 공포에 떨며 도망가서 침묵을 지켰다는 이야기로 마가복음은 끝난다.

그들은(막달라 마리아를 포함한 세 여자) 뛰쳐나와서, 무덤에서 도망하였다. 그들은 벌벌 떨며 넋을 잃었던 것이다. 그들은 무서워서, **아무에게도 아무 말도 못하였다.**

(마가복음 16:8)

그런데 갑자기 전혀 새로운 상황이 전개된다. 예수가 마리아에게 나타난다. 예수는 어디서 마리아를 만났을까? 다른 복음서에 따르면 마리아가 예수를 만난 장소는 무덤 근처였다. 그러나 8절에 의하면 겁먹은 마리아는 이미 무덤에서 도망가지 않았던가?

예수께서 이레의 첫날 새벽에 살아나신 뒤에, 맨 처음으로 **막달라 마리아에게** 나타나셨다. 마리아는 예수께서 일곱 귀신을 쫓아내 주신 여자이다. 마리아는 예수와 함께 지내던 사람들이 슬퍼하며 울고 있는 곳으로 가서, **그들에게 이 소식을 전하였다.**

(마가복음 16:9-10)

9절 이하를 쓴 사람은 8절을 제대로 읽지 않았던 걸까? 내용이 전혀 연결되지 않는다. 8절은 여자들이 무서워서 아무 말도 하지 않았다는데, 10절에 가서는 바로 막달라 마리아가 입을 열었단다. 게다가 9절 이후에 등장하는 부활한 예수는 매우 위압적이다. 예수의 말을 들어보자.

믿지 않는 사람은 정죄를 받을 것이다.

(마가복음 16:16)

그게 다가 아니다. 부활한 예수가 사도행전에 가서야 나오는 방언을 미리 언급할 뿐 아니라, '믿는 사람이라면 이런 거 해야 해!'라는 식으로 독약과 뱀까지 언급한다.

믿는 사람들에게는 이런 표징들이 따를 터인데, 곧 그들은 내 이름으로 귀신을 쫓아내며, 새 방언으로 말하며, 손으로 뱀을 집어 들며, 독약을 마실지라도 절대로 해를 입지 않으며, 아픈 사람들에게 손을 얹으면 나을 것이다.

(마가복음 16:17-18)

적지 않은 기독교인이 예수의 이 말 때문에 '믿음으로' 뱀을 손으로 들었다가, 또 독약을 마셨다가 죽었다.[5] 그리고 그런 황당한 비극은 지금 21세기에도 적지 않은 교회에서 일어나고 있다.

보수정통 신학자의 말대로, 마가복음을 기록한 사람이 '정말로' 마가라

---

5   요한복음 21장도 나중에 추가되었다는 게 학자들의 전반적인 의견이다. 물론, 보수정통 학자를 제외하고. 그리고 압도적이지는 않지만, 누가복음 1, 2장도 나중에 추가되었다는 의견이 적지 않다.

면 부활과 관련해서 또 하나의 의문이 떠오른다. 마가는 베드로의 제자로 알려져 있다. 그렇기 때문에 마가복음 내용은 그가 베드로로부터 듣고 기록했다는 게 보수정통 신학자의 입장이다. 그렇다면 더 이상해진다. 다른 사람도 아닌 마가가 부활에 관해 아무런 내용이 없이 마가복음을 끝냈다고? 베드로에게 부활 이야기를 들었다는 마가가? 부활한 예수의 일화 중 가장 유명한 것을 딱 하나 꼽으라면, 아마도 많은 사람이 디베랴 호숫가에서 있었던, 예수와 베드로의 극적인 만남을 들 것이다. 자신을 세 번이나 부인한 제자 베드로에게 예수가 "베드로야, 네가 나를 사랑하느냐?"라고 세 번 물으면서 회복시킨, 실로 부활 이야기의 백미에 해당하는 유명한 장면이다. **다른 건 몰라도, 마가가 이 이야기는 기록했어야 하지 않을까?** 예수의 일생을 쓰겠다는 마가에게 스승인 베드로가, 다른 이야기는 몰라도 그 이야기는 꼭 하지 않았을까? 그런데 마가가 '여자들이 빈 무덤을 확인하고 무서워서 아무 말도 못 했다…'라고 글을 끝냈다고? 마가복음이 사실은 20절이 아니라 8절에서 끝난다는 사실을 누구보다 잘 아는, 21세기 가장 각광받는 저명한 신학자 중 한 명인 N. T. 라이트[6]는 마가복음의 이런 석연찮은 엔딩에 관해서 이렇게 말했다.

마가는 은폐가 아니라 계시의 복음서다. 또한 은폐의 모티브가 있다고 할지라도 그것은 계시를 위한 은폐인 것이다.[7]

---

6   니컬러스 토머스 라이트 혹은 톰 라이트Nicholas Thomas Wright 주교(1948.12.1~)는 영국 성공회 주교 겸 기독교 신약성서 학자다. E. P. 샌더스 그리고 제임스 던과 더불어 바울에 대한 새 관점 학파의 주도적 학자다.(출처: 한국 위키피디아)

7   N. T. 라이트, 앞의 책, 977쪽.

아, N.T.라이트는 최순실의 국정농단도 이렇게 얘기할까?

"국정 농단의 모티브가 있다고 할지라도 그것은 더 나은 국정을 위한 농단인 것이다."

다시 하던 이야기로 돌아가서, 부활을 기록한 최초의 신약성경이 마가복음이 아니라면, 그럼 마태복음인가? 그렇지 않다. 부활을 가장 먼저 쓴 신약성경은 바울 서신서다. 성찬식에 관한 최초의 기록도 복음서가 아닌 바울이 쓴 고린도전서 11장에 등장하는 것처럼, 예수 부활에 관한 최초의 기록도 기독교에서 이른바 '부활장'으로 유명한 고린도전서 15장에 처음으로 나온다. 한 번 더 강조할 필요가 있겠다.

"고린도전서 15장은 신약성경에 등장하는 예수 부활과 관련한 최초의 기록이다."

그러니까 복음서에 있는 다양하고 극적인 부활 이야기들, 예를 들어 베드로에게 "네가 나를 사랑하느냐?"라고 묻는 예수, 예수의 상처를 만지는 의심 많은 도마 등보다 훨씬 먼저 나온 글이 바로 고린도전서 15장이다.

잠깐, 그전에 바울이 부활을 언급한 또 다른 구절을 하나 보도록 하자. 고린도전서 15장처럼 부활을 '본격적으로' 다루지는 않았지만, 많은 신학자가 '성경의 성경'으로 꼽는 로마서 1장에도 부활에 대한 내용이 나온다. 이 로마서도 당연히 복음서 이전에 쓰였다.

> 그의 아들에 관하여 말하면 육신으로는 다윗의 혈통에서 나셨고 성결의 영으로는 죽은 자들 가운데서 부활하사 능력으로 하나님의 아들로 선포되셨으니.
> (로마서 1:3-4)

몸 부활의 승리

이 구절에 관해서 저명한 신약학자 레이먼드 브라운[8]은 이렇게 말한다. 이 구절을 보면, 예수가 출생으로 보면 다윗의 혈통에서 난 메시아이지만, 부활을 통해서 성령의 능력을 힘입어 '하나님의 아들'이 되었음을 알 수 있다. …… 부활은 비천한 인간의 단계에서 수행한 공적 사역과 대비된다. 결국 부활이 어떤 의미에서 공적 사역을 수행하던 인간 예수를 다른 수준으로 승격시켰다는 것이다. 이것이 학자들이 말하는 소위, '두 단계' 그리스도론이다.[9]

참고로 레이먼드 브라운은 '두 단계 그리스도론'을 받아들이지 않는다. 그럼에도 로마서 구절은 초창기 기독교인이 생각하던 '두 단계 그리스도론'의 모습을 잘 보여준다는 것이 레이먼드 브라운의 주장이다. 그러나 이 구절에서 중요한 것은 그리스도론이 두 단계냐 세 단계냐의 논쟁이 아니다. 예수의 출생을 언급하는 바울이 동정녀 탄생을 전혀 말하지 않는다는 점이다. 바울에게 예수는 다윗의 혈통에서 나온 평범한 인간에 불과했다. 당연히 예수의 동정녀 탄생 이야기도 바울이 죽고 한참 후에야 만들어졌다.[10] 로마서 구절에 관해서는 이 정도만 이야기하고, 지금부터 바울이 부활을 본격적으로 다룬 고린도전서 15장, 이른바 '부활장'을 살펴보도록 하자.

---

8   레이먼드 에드워드 브라운Raymond Edward Brown SS(1928.5.22.~1998.8.8)은 미국 가톨릭 성직자이자 저명한 성경학자다. 그가 쓴 『신약개론』(한국기독교문서회. 2003)은 신약성경에 관심이 있는 사람이라면 전문가와 평신도를 가리지 않고 읽어야 할 명저로 꼽힌다. 그는 특히 요한복음 연구에 크게 공헌했다. 그뿐 아니라 예수의 탄생과 죽음에 대한 영향력 있는 연구를 저술했다. 그의 많은 책이 개신교에서 번역 출간되었다. 브라운은 뉴욕에 있는 유니온신학교(UTS)의 명예 교수였으며 29년간 거기서 가르쳤다. 최초의 가톨릭 교수로 재직했을 뿐 아니라 우수한 강사로 높은 명성을 얻었다. 1998년 갑작스러운 심장마비로 사망했다.

9   Raymond E. Brown, *An Introduction to New Testament Christology*(Paulist Press. 1994). 114쪽.

학자들은 고린도전서를 서기 50년대 초반에서 늦어도 중반에는 쓰인 것으로 본다. 그렇다면 드라마틱한 부활 이야기가 최초로 등장하는 마태복음이 쓰인 건 서기 80년이 지나서니까, 바울의 기록과는 무려 30년이라는 엄청난 시간 차이가 난다. 지금부터 30년 전이면 갓난아기는 어른이 되고 어른은 노인이 되는 세월이다.[11] 바울은 과연 부활을 어떻게 묘사했을까?

형제들아 내가 너희에게 전한 복음을 너희에게 알게 하노니 이는 너희가 받은 것이요 또 그 가운데 선 것이라. …… 내가 받은 것을 먼저 너희에게 전하였노니 이는 성경대로 그리스도께서 우리 죄를 위하여 죽으시고 장사 지낸 바 되셨다가 성경대로 사흘 만에 다시 살아나사 **게바**[12]**에게** 보이시고 후에 **열두 제자에게와** 그 후에 **오백여 형제에게 일시에** 보이셨나니 그중에 지금까지 대다수는 살아 있고 어떤 사람은 잠들었으며 그 후에 **야고보에게** 보이셨으며 그 후에 모든 사도에게와 맨 나중에 만삭되지 못하여 난 자 같은 내

---

10   예수의 동정녀 탄생과 관련한 보다 더 심도 있는 내용을 위해서 옥성호, 『신의 변명』(파람북, 2018) 225, 251쪽을 참조하라.

11   부활에 관해서 글을 쓴 사람은 바울과 익명의 복음서 저자 4명, 즉 5명이 전부다. 그중에서 부활을 목격한 사람, 그러니까 예수의 제자들을 직접 만나서 대화를 나눈 사람은 바울이 유일하다. 이 사실은 매우 중요하다. 물론 모세오경을 모세가 썼고 다니엘서는 다니엘서 썼으며, 마태복음은 예수의 제자 마태가, 요한복음은 예수의 제자 요한이 썼다고 생각하는 사람에게는 생소하기 이를 데 없겠지만, 복음서 4권은 모두 다 최소한 서기 70년 예루살렘 성전이 무너진 이후에 쓰였다는 것이 신앙고백과 학문을 혼동하지 않는 학자들의 공통된 결론이다. 그리고 복음서의 저자가 누구인지는 말 그대로 아무도 모른다. 단 예수는커녕 예수를 직접 본 사람 근처에도 간 적이 없는 사람들에 의해 쓰였다는 것은 거의 확실하다.

12   바울은 일관되게 베드로를 아람어 이름인 '게바'라고 부른다. 베드로, 즉 피터는 복음서가 게바를 지칭한 헬라식 이름이다. 아마도 바울은 복음서 속에 등장하는 게바가 아닌 베드로의 다양한 이야기에 대해서는 아예 몰랐을 가능성이 크다.

게도 보이셨느니라.

(고린도전서 15:1, 3-8)

핵심만 정리하면 이것이다.

성경대로

그리스도께서 우리 죄를 위하여 죽으시고

장사 지낸 바 되셨다가

성경대로

사흘 만에 다시 살아나사

게바에게 보이시고

후에 열두 제자에게와

그 후에 오백여 형제에게 일시에 보이셨나니

(그중에 지금까지 대다수는 살아 있고 어떤 사람은 잠들었으며)

그 후에 야고보에게 보이셨으며

그 후에 모든 사도에게와

(맨 나중에 만삭되지 못하여 난 자 같은 내게도 보이셨느니라)

여기서 내가 괄호로 표시한 부분을 빼면 다음과 같다.

성경대로

그리스도께서 우리 죄를 위하여 죽으시고

장사 지낸 바 되셨다가

부활, 역사인가 믿음인가?

성경대로

사흘 만에 다시 살아나사

게바에게 보이시고

후에 열두 제자에게와

그 후에 오백여 형제에게 일시에 보이셨나니

그 후에 야고보에게 보이셨으며

그 후에 모든 사도에게와

초기 기독교를 연구하는 학자라면, 무신론자와 보수정통 신학자를 가리지 않고[13] 이 구절은 바울이 만든 게 아니라, 당시 초기 기독교인이 암송하던 신앙고백 또는 신경creed이라고 입을 모은다. 예수가 죽고 채 6년이 지나기 전에 만들어진, '바울 이전의 구전pre-pauline tradition'이라고 본다.[14] '예수 세미나'[15]를 창설한 비기독교인 신학자 로버트 펑크[16]는 말할 것도 없

13   보수정통 기독교 학자로는 부활 변증학자로 활발하게 활동 중인, 마이클 리코나(Michael Licona, *The Resurrection of Jesus: A New Historiographical Approach*(InterVarsity, 2010), 223~235쪽)도 같은 주장을 하는 대표적인 학자다. 그 외에는 뮌헨대학교의 무신론 신약교수 J. M. 웨더번(J. M. Wedderburn, *Beyond Resurrection*(Hendrickson, 1999), 113~114쪽)의 의견도 참조하라.

14   비슷한 경우가 빌립보서 2장 6-11절의 그 유명한 '예수 찬가'다. 대부분 학자는 이것도 바울의 글이 아니라 초기 기독교인이 암송하던 신경creed으로 본다.

15   예수 세미나는 웨스타연구소Westar Institute의 지원을 받아 로버트 펑크와 존 도미닉 크로산에 의해 1985년에 설립된 약 200여 명에 달하는 연구 모임으로 성서비평학(성서해석학, biblical criticism) 분야에서 활발한 연구 그룹 중 하나다. 이들의 경향은 역사적 예수로 대표된다. 이 연구 그룹은 (논란이 되는) 색구슬을 이용한 투표를 통해 연구 결과를 결정한다. 현재 대표는 레인 맥거히Lane C. McGaughy다. 주로 미국 서부의 자유주의 신학자들로 구성되어 있다. 이들은 예수 말씀의 진실 여부에 대한 연구를 통해 1945년 이집트에서 발견된 기독교 문헌 도마복음서가 포함된 새로운 신약성경을 번역하였다. 그 결과는 『다섯 복음서』라는 책으로 출간되었다. 그 후 예수의 행적에 대한 같은 방식의 연구를 통해 『예수의 행적』을 출간했다. 그들은 미국 내 여러 도시에서 워크숍과 세미나를 개최하였다.(출처: 한국 위키피디아)

고, 기독교인 신학자 N. T. 라이트도 같은 의견이다.

예수가 죽은 자 가운데서 살아나셨다는 확신은 바울이 서기 33년 정도, 개종할 무렵에 이미 뿌리를 내리고 있었다. 따라서 예수가 서기 약 30년쯤 죽었다는 가정을 하면, 이런 신앙고백이 만들어진 건 그 후 고작해야 2년에서 3년 사이일 것이다.[17]

이것은 어떤 공동체가 함부로 변경할 자유를 갖고 있지 않은 토대가 되는 이야기였다. 그 이야기는 바울이 그것을 '전해 받았을' 때에 이미 정형적인 형태로 되어 있었기 때문에, 아마도 부활절 이후의 첫 2, 3년 내에 정형화된 것으로 보인다.[18]

부활장 내용에 대해서 자세히 살펴보기 전에 먼저 이른바 신앙고백 또는 신경을 생각해보자. 부활의 역사성을 주장하는 변증학자들은 하나같이 인용문에서처럼 이 신경이 빠르면 30년에서 늦어도 35년에는 만들어졌다는 것을 중요시한다. 달리 말해서 예수에 대한 그 어떤 신학적인 가르침이 생기기 전에 만들어져서 암송되던 내용이기 때문에, 이것처럼 부

---

16 로버트 W. 펑크Robert W. Funk(1926.7.18.~2005.9.3)는 미국의 성서학자로서 예수 세미나와 캘리포니아주 산타 로사에 있는 비영리 단체인 웨스터연구소의 설립자다. 학자로서 펑크는 그가 성경적 문해력이라고 불렀던 것에 대한 연구와 교육을 장려했다. 해석학에 대한 그의 방법은 정통 기독교 신앙, 특히 역사적 예수에 관한 강한 회의적인 견해를 가지고 역사비평을 시도하였다. 그와 그의 동료들은 예수의 비유가 기존에 주장하는 종교적 태도와 모순되는 충격적인 메시지를 담았다고 묘사했다.(출처: 한국 위키피디아)

17 Robert Water Funk, *The Acts of Jesus*(Harper SanFrancisco), 466쪽.

18 N. T. 라이트, 앞의 책, 507쪽.

활의 역사성을 잘 보여주는 게 없다는 주장이다. 하지만 정말로 그럴까? 아니, 꼭 그런 걸까? 얼마든지 그 반대도 가능하지 않을까?

신경 중에서 가장 유명한 신경은 다름 아닌 '사도신경'이다. 지금도 기독교인이라면 일주일에 한 번은 교회에서 외우는 내용이다. 그런데 이 '사도신경'과 내용에서 거의 일치하는 '니케아 신경'이 있다.[19] 니케아 신경에서 가장 중요한 내용이 바로 예수가 하나님이라는 내용이다. 그럼 니케아 신경이 왜 나왔을까? 왜 군이 신경을 만들어서 사람들이 암송하게 했을까? 니케아 신경의 내용과 달리, **예수가 하나님이 아니라고 생각하는 사람들이 워낙 많았기 때문이다.** 초대 교회 시절 유명한 교부 아리우스[20]를 중심으로, 예수는 인간에 불과했다고 생각한 사람들이 워낙 많았기 때문이다. 그래서 만들어진 게 니케아 신경이었다. 이른바 아리우스파를 힘으로 누르고 난 이후, 행여 여전히 다른 생각을 하는 사람이 생길까 봐 만들어진 게 니케아 신경이었다. 생각이 다른 사람들을 '억지로' 하나로 묶기 위해 필요했던 게 니케아 신경이었다. 우리나라의 경우 아주 오래전 학교에서 외우던 국민교육헌장을 생각하면 된다.

"우리는 민족중흥의 역사적 사명을 띠고 이 땅에 태어났다…."

진짜 이렇게 생각했던 사람이 몇 명이나 있을까? 따라서 예수가 죽고 얼마 지나지 않았음에도 군이 신경이 만들어져야만 했다면, 그건 당시 상황이 변증학자들의 주장과는 달리 오히려 정반대였기 때문은 아닐까? 부

---

19 니케아 신경과 관련한 보다 더 심도 있는 내용을 위해서 옥성호, 『신의 변명』(파람북, 2018), 116~141 쪽을 참조하라.
20 아리우스Arius(250 또는 256~336)는 초기 기독교 시대에 활동했던 이집트 알렉산드리아 출신의 성직자이자 신학자다.(출처: 한국 위키피디아)

활이라는 사건이 전혀 확실하지 않았고, 증거라고는 찾을 수 없었기 때문이 아니었을까? 부활은 말도 안 된다고 생각한 사람들이 적지 않았기 때문에, 그런 생각을 바꾸기 위해서라도 신경이 필요했던 게 아닐까? 정말로 예수가 부활하고 40일이나 지상에 머물면서 수도 없이 많은 사람에게 그 모습을 드러냈다면, 굳이 신경이 필요했을까?

자, 부활장으로 돌아가자. 번역된 한글만 보아도 이 구절은 암송하기 쉬운 운율로 구성되었음을 알 수 있다. 앞서 내가 괄호를 2개 표시한 것은 바울이 기존 암송 내용에 첨가했다고 생각하기 때문인데, 그 부분이 빠질 때 문장 흐름이 더 자연스러워진다.[21] 이 내용을 조금 더 자세히 살펴보면 다음과 같다.

1. '성경대로'라는 말이 신학적으로 꼭 있어야 할 부분에 정확하게 두 번 반복해서 등장한다. 달리 말해서, 예수가 죽고 부활한 것은 히브리 성경(구약성경)에 예언되었다는 의미다.
2. 부활한 예수는 게바(베드로), 개인에게 먼저 보이고, 그다음에 게바가 대표로 있는 것으로 보이는 열두 제자에게 보인다.
3. 부활한 예수가 야고보, 개인에게 먼저 보이고, 그다음에 야고보가 대표로 있는 것으로 보이는 모든 사도에게 보인다.

기존 바울의 문체와도 전혀 다를 뿐 아니라, 정확한 대구로 이뤄진 치

---

21 학자에 따라 조금씩 다르지만, 대부분 나와 비슷한 생각을 한다. "바울은 '그들 중 대부분은 여전히 살아 있고 일부는 잠들어 있다' 같은 어구들을 첨가했을 가능성이 대단히 높다." N. T. 라이트, 앞의 책, 507쪽.

밀한 구성으로 볼 때, 이 내용은 기존에 존재했다고, 그러니까 변증학자들의 주장대로 초창기 기독교인이 암송하던 신경으로 보는 것이 타당하다. 아마도 바울이 서신서를 쓰기 한참 전부터 존재했을 이 신경을 토대로, 우리는 오늘날 교회에서 '전혀' 알려주지 않는 새로운 사실까지 알 수 있다.

당장 눈에 띄는 게 야고보라는 인물의 등장이다. 예수의 후계 구도가 수제자 베드로 한 명이 아닌 야고보까지, 2명에게 동시에 이어졌음을 알게 하는 구절이다. 베드로가 대표하는 그룹인 '열두 제자'와 야고보가 대표하는 그룹인 '모든 사도'를 분명하게 구분하기 때문이다. 물론 그 그룹이 정확하게 어떻게 다른지 알기는 어렵지만, 분명한 것은 예루살렘 교회 조직이 베드로와 야고보, 두 사람의 복수 리더십으로 이뤄졌을 가능성이 매우 높아 보인다는 점이다. 그리고 사도행전과 갈라디아서의 내용을 토대로 볼 때, 최종 결정권을 가진 사람은 예수의 수제자 베드로가 아닌 예수의 피붙이 동생인 야고보였다. 여기에 덧붙여서, 비록 바울이 '만삭되지 못한'이라는 자기 비하에 가까운 표현을 썼지만, 자신의 이름을 야고보 바로 뒤에 넣음으로 결국 최종적이고 가장 높은 권위를 가진 사도는 바울, 자기 자신이라는 점을 부각하려고 한 것은 아닐까? 하는 합리적 추측을 하게 한다. 그러니까 부활을 목격한 순서는 "게바로 시작해서 야고보로 이어지고 마지막으로 바울, 자신"이라는 것이다. 그리고 이어서 바울은 아주 중요한 말을 덧붙인다. 기독교인에게 부활이 어떤 의미인지를 다음과 같이 설명한다.

그리스도께서 다시 살아나신 일이 없으면 너희의 믿음도 헛되고 …… 모든 사람 가운데 우리가 더욱 불쌍한 자이리라.

(고린도전서 15:17, 19)

한마디로 부활이 엉터리라면, 기독교인의 믿음은 허깨비와 같다는 뜻이다. 그러므로 바울을 비롯하여 기독교인처럼 불쌍하고 비참한 사람은 이 세상에 없다는 것이다. 사실 서신서 전체를 샅샅이 살펴보아도 이렇게 '모 아니면 도'라는 식으로, 바울이 과격하게 표현한 건 없다.

부활이 유일하다! 게다가 바울은 로마서에서 부활을 믿지 않으면, 구원을 얻을 수 없다고 분명하게 말했다.

당신이 만일 예수는 주님이라고 입으로 고백하고, **하나님께서 그를 죽은 사람들 가운데서 살리신 것을 마음으로 믿으면 구원을 얻을 것입니다.**

(로마서 10:9)

한마디로 부활은 기독교인에게 알파와 오메가다. 처음이자 끝이라고 말해도 과언이 아닐 정도로 중요한 핵심이다. 바울이 왜 이렇게까지 부활에 중요한 가치를 부여했을까? 그 정도로 바울은 부활이 갖는 신학적 의미뿐 아니라, '역사성'을 확신했기 때문이다. 하긴 당연하다. 바울이 누구인가? 부활한 예수를 직접 만난 사람이다. 그런데 이 부분에 이르면 의문이 하나 생긴다.

"근데 말이에요, 부활이 진짜가 아니면 기독교인이야말로 세상에서 가장 불쌍한 사람이라고 할 정도로, 부활을 안 믿으면 구원받을 수 없다고 할 정도로, 바울한테는 부활이 중요했잖아요? 그런데 왜 바울은 부활에 관해 이 정도밖에 기록을 안 했지요? 갈라디아서를 보면, 하다못해 할례 문제 하나만으로 거의 서신서 전체를 채웠는데, 왜 부활은 고작 몇 구절 쓰고 끝난 거죠? 아니, 할례가 부활보다 더 중요한가요? 무엇보다 부활한 예수님과 만남을 왜 좀 더 자세하고 구체적으로 설명하지 않았죠? 게다가 부활장 내용도 바울이 직접 쓰지 않고, 정말로 당시에 사람들이 암송하던 내용에 불과(?)하다면, 왜 바울은 암송문으로 부활에 대한 기록을 끝낸 거죠? 그건 어차피 사람들 다 아는 내용이잖아요? 바울만이 해줄 수 있는 중요한 이야기를 해야 하는 것 아닌가요? 부활이 정말로 그렇게 중요하다면요. 정말로 제대로 믿을 수 있도록, 아예 논란의 여지가 없도록 뭔가 확실한 증거 한두 개는 제시해야 하는 것 아닌가요?"

당연한 질문이다. 이런 질문이 안 나오면 그게 더 이상하다. 왜냐하면 부활장에서 바울이 말하는 예수 부활의 내용은 딱 한 구절이다. 자신이 직접 만난 예수에 관해 할 수 있는 이야기가 고작해야 이게 다라니. 차마 믿을 수 없을 정도다.

"보이셨나니…."

건조하고 밋밋하기 그지없다. 그냥 보이셨다니…. 게바에게 보이셨고, 제자들에게 보이셨고, 500명에게 보이셨고, 야고보에게 또 사도에게, 그리고 마지막으로 자신에게 보이셨다니.[22] 무엇보다 '보이셨다'가 도대체 무슨 말일까? 그냥 바람처럼 휘익~하고 한번 스쳐 지나갔다는 말일까? 아니면 출애굽기 19장에서 시내산에 등장한 야훼처럼 그런 장엄한 '보이

22　물론 바울에게 보이신 내용은 사도행전에 무려 '세 번'이나 나온다. 문제는 이 세 번의 내용이 다 양립이 불가능할 정도의 피차 모순을 갖고 있다는 점이다.

심'이었는지, 아니면 요즘 기독교 간증에서 흔히 등장하는 환상인 건지, 도통 알 길이 없다. 부활한 예수가 무슨 이야기를 했다는 건지, 함께 갈릴리 바닷가를 거닐었다는 건지. 아무런 이야기가 없다. 그냥 '보이셨나니', 이게 전부다. 애매하기 이를 데 없는 단어 '보이셨다'에 해당하는 헬라어는 '오프데'다.

'오프데'라는 단어는 70인 역에 85번 나오는데, 그중에서 절반이 약간 넘는 용례가 야훼 또는 야훼의 영광, 또는 야훼의 천사가 사람들에게 나타난 것을 가리킨다. 나머지 39번의 용례들은 사람들이 성전에서 스스로를 보인다는 의미에서 …… 환상적이지 않고 직설적인 의미에서 보인다거나 …… 이 단어는 사람들이 비객관적인 '환상들'을 본 것을 가리킬 수도 있고, 마찬가지로 사람들이 인간사의 통상적인 과정 속에서 다른 누구를 보았다고 할 때에도 사용될 수 있다.[23]

바울은 왜 이렇게 애매모호한 단어를 썼을까? 중요한 문제일수록 오해의 소지가 없도록 확실하게 표현하는 게 기본이 아닌가? 기독교인의 구원 여부가 부활에 대한 믿음에 달려 있다는 사실을 기억하면, 이런 의문은 더 커질 수밖에 없다. 게다가 다음 한 가지 중요한 사실을 기억하면, 바울이 쓴 실로 건조하기 이를 데 없는 부활 묘사는 더 깊은 미궁에

---

23 N. T. 라이트, 앞의 책, 513쪽.
24 물론 이건 일반적인 학계의 주장이지 보수정통 학자의 입장은 아니다. 보수정통 학자에 따르면 마태복음을 쓴 건, 예수의 제자 마태이고 요한복음을 쓴 사람은 예수의 제자 요한이니까.

빠진다. 바울이 누구인가? **신약성경 저자 중에 유일하게[24] 부활한 예수와 무려 40일을 함께 지낸 제자들을 직접 만난 사람이다.** 예루살렘에서 있었던 제자들과의 첫 만남에 관해서 사도행전과 갈라디아서가 '전혀' 다른 이야기를 하지만,[25] 바울이 직접 쓴 갈라디아서가 맞는다고 간주할 때, 그는 부활한 예수를 만나고 약 3년이 지난 후 예루살렘에 가서 야고보와 베드로 및 중요 제자들을 직접 만났다. 이건 정말로 중요하니까, 한 번 더 강조하자.

"예수와 3년간 동고동락했을 뿐 아니라, 부활한 예수와 무려 40일을 함께 보낸 제자들을 직접 만난 유일한 신약성경 저자는 바울, 한 사람뿐이다."

한 가지 더 기억할 사실은, 우리는 지금 기록한 지 무려 2,000년이 지난 텍스트 속에 숨은 진실의 퍼즐을 찾으려고 애쓴다는 점이다. 이를 위해서는 텍스트 행간을 읽어내는 비판적 분석과 더불어 어느 정도의 합리적 추론도 필요하다. 정통 교리가 수면 아래로 깊이 가라앉힌 진실의 조각을 위로 끌어올려 하나하나 짜 맞추려면, 이 두 가지 중에 하나라도 없어서는 안 된다. 복음서의 내용을 재구성하면 다음과 같다.

예수가 죽자 제자들은 갈릴리로 피신했다. 스승과 더불어 새로운 세상을 통치할 것이라는 꿈을 꾸던 그들의 눈앞에서 스승은 비참하게 처형당했고, 로마와 대제사장이 노리는 다음 타깃이 자기들이 되리라는 사실은 너무도 뻔했으니까. 그런데 어쩐 일인지 제자들은 스승이 부활했음을 알게(믿게) 되었다. 그들은 과감하게 다시 예루살렘으로 돌아와서 예수가 부

---

25   옥성호, 『야고보를 찾아서』, 67~69쪽.

활했다는 메시지를 전하기 시작했다. 다행히 로마와 대제사장은 그런 그들을 별로 대수롭지 않게 여겼는지, 아니면 아예 미쳤다고 여겼는지 더는 정치적 탄압을 하지 않았다. 인생은 새옹지마라고 했던가? 아니, 청출어람이었던 걸까? 정작 예수의 메시지를 무시했던 사람들은 제자들이 전하는 메시지를 듣고는 하나둘씩 바뀌기 시작했다. 과거 유대교가 생각하던 메시아와는 전혀 다른, 십자가에서 죽고 부활했고 조만간 다시 와서 유토피아를 이룰 것이라는, 아예 새로운 개념의 메시아, 재림할 예수를 기다리는 사람들이 점점 늘어갔다. 그런데 그런 제자들의 귀에 이상한 소문이 들리기 시작했다. 한때 예수를 따르는 사람들을 박해하기로 유명했던 사울이라는 인물이 갑자기 돌변해서 유대 땅 밖에서 예수가 메시아라며 활발하게 전도를 시작했다는 것이 아닌가?[26] 게다가 바울이 부활한 예수를 직접 만났다는 소식에 제자들은 놀랄 수밖에 없었다. 제자들의 마음에 호기심과 동시에 스멀스멀 경계심이 피어오른 건 너무도 당연하다.

 '뭐라고? 사울이라는 친구가 우리 주님을 만났다고? 우리를 괴롭히던 그 사람에게 우리 주님이 나타나셨다고? 그게 사실일까? 하늘로 승천하신 이후로는 우리한테 단 한 번도 나타나신 적이 없는 주님이 왜 하필이면 그런 인간에게 나타나셨을까? 아니, 그런데 사울이라는 자가 만났다는 사람이 우리 주님이 맞기는 한 거야?'

---

26   물론 이것도 사도행전의 내용을 받아들이면 전혀 달라진다. 바울은 다마쿠스 도상에서 예수를 만난 직후 바로 예루살렘으로 가서 제자들을 만났기 때문이다. 그러나 갈라디아서에서 바울은 분명하게 말한다. 자신은 예수를 만나고 일부러 제자들을 피해서 아라비아로 갔고, 3년이 지나서야 예루살렘에 갔다고. 본문은 바울의 증언, 갈라디아서를 근거로 이야기한다. 이와 관련한 자세한 이야기는 옥성호, 『야고보를 찾아서』 '할례 논쟁' 장을 참고하길 바란다.

이런 의문이 들지 않는다면, 그거야말로 정말로 이상한 게 아닐까? 그런데 몇 년이 지나자 마침내 바울이 예루살렘에 온다는 소식이 들렸다.

자, 이 글을 읽는 독자가 당시 베드로 또는 야고보였다면 바울을 만나서 무슨 이야기를 가장 먼저 했을까? 아마도 그가 전파하는 '복음'의 내용이 무엇인지 확인하고 싶었을 것이다. 그리고 무엇보다 가장 중요한 것은 그가 만났다는 '예수'가 과연 진짜 예수였는지 확인하고 싶지 않았을까?

"아니, 우리 주님을 만났다고요? 그래요? 주님이 어떻게 생겼던가요? 키는 어느 정도고요? 창 자국이 몸 어디에 있었는지 얘기해볼래요?"

이런 질문에 대한 바울의 대답은 아마도 부활장에서 쓴 내용과 별로 다르지 않았을 것이다. 그냥 그는 이렇게 말했을지도 모르겠다.

"그냥 제게 보이셨어요…."

그리고는, 이내 너무 짧다는 생각에 사도행전에 나오는 내용을 서둘러서 덧붙였을지도 모르겠다.

사울이 길을 가다가, 다마스쿠스 가까이에 이르렀을 때에, 갑자기 하늘에서 환한 빛이 그를 둘러 비추었다. 그는 땅에 엎어졌다. 그리고 그는 "사울아, 사울아, 네가 왜 나를 핍박하느냐?" 하는 음성을 들었다. 그래서 그가 "주님, 누구십니까?" 하고 물으니, "나는 네가 핍박하는 예수다. …… 사울은 땅에서 일어나서 눈을 떴으나, 아무것도 볼 수가 없었다.

(사도행전 9:3-5, 8)

바울이 고백하는 '보이셨다'의 의미는 아예 알 수 없지만, 사도행전의 내용을 액면 그대로 받아들인다고 해도 바울이 예수의 얼굴조차도 제대로 볼 수 없었던 것은 확실해 보인다.

갑자기 하늘에서 환한 빛이 그를 둘러 비추었다. 그는 땅에 엎어졌다.

환한 빛이 비치자 눈이 부셔서 바로 땅에 엎드려졌단다. 그렇다면 베드로와 야고보가 당장 이렇게 말해야 하지 않을까?

"아니, 바울 선생, 고작 그걸 가지고 지금까지 당신은 우리 부활하신 주님을 만났다고 말하는 거예요? 환상을 보는 사람이 어디 한두 사람입니까? 환상 중에 나온 누가 '내가 예수다', 그럼 다 예수님을 만난 건가요? 바울 선생, 지금부터 내 얘기를 좀 들어봐요. 우리 주님을 만난다는 게 뭔지 내가 설명을 해드릴게. 부활한 주님이 어떤 분인지 내가 제대로 알려줄게요. 야, 너 저기 가서 도마 사도 좀 불러와."

베드로는 아마도 세 번이나 주님을 배반한 자신을 회복시킨 부활한 예수님, "베드로야 네가 나를 사랑하느냐? 내 양을 먹이라"라고 세 번씩이나 물었던 그 주님을 이야기하지 않았을까? 도마는 또 어떤가? 자기 손으로 직접 만진 주님 옆구리의 창 자국과 더불어 주님께 받았던 책망을 부끄러운 마음으로 고백하지 않았을까? 그뿐이랴? 베드로와 다른 제자들은 앞 다투어 예수님과 3년을 함께 지내면서 보고 배운 삶과 가르침에 대해서도 정말로 자세하게 말하지 않았을까?

"바울 선생, 주님은 이런 분이에요. 이게 부활한 우리 주님을 만난 거라고요."

그게 다가 아니다. 제자들은 부활한 예수와 무려 40일을 함께 있었다.

40일 동안 쌓은 추억이 좀 많았을까? 그런데 제자들은 바울에게 이렇게 말하지 않은 것 같다. 오히려 바울이 처음 방문했을 때도, 또 그 이후에도 내내 그를 자기들과 조금도 다르지 않은 당당한 사도로 인정했다고 한다.

기둥으로 인정받는 야고보와 게바와 요한은, 하나님이 나에게 주신 은혜를 인정하고, 나와 바나바에게 오른손을 내밀어서, 친교의 악수를 하였습니다.

(갈라디아서 2:9)

이 구절은 바울의 말 그대로 제자들이 바울이 받은 은혜를 인정했다는 것이다. 다른 말로 하면, 그건 바울과 예수와의 만남을 '제대로 된 만남'이라고 제자들이 인정했다는 것이다. 이건 정말로 중요하다. 왜냐하면 오로지 부활한 예수를 만난 사람만이 사도가 될 수 있다는 조건을 바울이 충족했음을 암시하기 때문이다.

(사도는) 우리와 더불어 부활의 증인으로 삼아야 할 것입니다.

(사도행전 1:22)

내가 사도가 아닙니까? 내가 우리 주 예수를 뵙지 못하였습니까?
(내가 주를 봤으니까 사도로 인정받은 게 아니겠습니까?)

(고린도전서 9:1)

몸 부활의 승리

도대체 이런 상황을 어떻게 이해해야 할까? 동일 선상에 놓고 비교하기는 힘들지만, 내 아버지와 수십 년간 함께 동역한 목회자에게 듣도 보도 못한 사람이 나타나서 이렇게 말한다면?

"저도 옥 목사님에 대해서 목사님들 이상 잘 압니다. 어젯밤 목사님이 빛으로 오셨습니다. 비록 얼굴은 볼 수 없었지만 확실하게 다 배웠습니다."

이 사람을 옥한흠 목사의 제자로 받아들일 사람이 과연 몇 명이나 있을까? 그런데 예수의 제자들은 바울을 사도로 기꺼이 받아들였다고? 우리는 지금, 바울이 쓴 부활장의 내용으로만 생각한다. 이 점을 염두에 두고 몇 가지를 추론해보자. 부활한 예수를 눈으로 보고 또 손으로 만졌을 뿐 아니라 무려 40일간이나 함께 지낸 제자들을 만나고 나서도 바울이 부활장을 그렇게 '덤덤하게' 쓸 수밖에 없었던 이유에 대해서 몇 가지 가능성을 생각해보자.

첫 번째로 베드로와 사도들이 부활 후에 있었던 예수와의 일화를 예루살렘을 방문한 바울에게 전혀 말하지 않은 경우다. 주님이 내게 그냥 "보이셨어요"라는 바울의 말에, 제자들도 하나같이, "그랬군요. 우리랑 비슷하네요. 우리한테도 예수님이 그냥 보이셨어요." 딱 이 한마디를 했을 뿐이라는 가정이다. 이건 제자들도 부활한 예수에 대해서 바울 정도밖에 아는 게 없을 때만 가능한 시나리오다. 두 번째는 베드로와 사도들에게 자세한 부활 이야기를 듣고도 바울이 싹 무시하고 전혀 쓰지 않은 경우다. 지금부터 이 두 가지 시나리오를 앞에 놓고 하나씩 검토해보자.

만약에 첫 번째 시나리오가 맞는다면 어떻게 될까? 무엇보다 바울이 고린도전서의 부활장을 건조하고 덤덤하게 쓴 것을 얼마든지 이해할 수 있다. 아니, 이해할 문제가 아니라 너무도 당연하다. 부활한 예수로부터 당사자인 바울이 직접 겪은 것도 없지만, 제자들에게도 들은 게 없기 때문이다. 그뿐 아니라, 제자들이 바울을 당당한 사도로 인정한 것도 충분히 이해할 수 있다. 그냥 '보이셨어요'라는 고백이 전부인 바울도 제자들의 기준에서 부활한 예수를 만난 게 분명하니까. 그리고 이 첫 번째 시나리오가 맞을 경우, 내가 생각하기에, 신약성경 속 가장 어려운 문제 하나가 단숨에 해결된다. **그 난제는 다름 아닌 바울과 제자들의 관계, 구체적으로 말하면, 감히 예수의 제자들을 가르치는 바울의 위상이다.** 갈라디아서를 보면 바울이 예수의 제자들을 어떻게 생각하는지 분명하게 나온다. 한마디로 그들은 바울에게 별 대단한 존재가 전혀 아니었다. 다마스쿠스 도상에서 예수를 만난 바울은 굳이 예수의 제자들을 만날 필요를 느끼지 못했을 뿐 아니라, 나중에 만났을 때도 존경의 마음은 거의 없었던 것 같다. 아니, 한 수 더 떠서 그들을 가르쳤다. 그게 다가 아니었다. 예수의 제자들을 대단하다고 생각하는 사람들이 영 못마땅했던지, 하나님에게는 인간의 외모, 그러니까 예수의 제자였다는 인간적 조건은 전혀 중요하지 않다고 공공연하게 말할 정도였다.

(부활한 예수를 만나고 난 이후에) 또 나보다 먼저 사도가 된 사람들을 만나려고 예루살렘으로 올라가지도 않았습니다. 나는 곧바로 아라비아로 갔다가 …… 나는 …… 복음을 그들에게 설명하고, 유명한 사람들(예수의 제자들)에게는 따로 설명하였습니다. …… 그 유명하다는 사람들로부터 나는 아무런 제안도 받지 않았습니다. 그들이 어떤 사람들이든지, 나에게는 아무 상관이 없습니다. 하나님께서는 사람을 겉모양으로 판단하지 않으십니다.

(갈라디아서 1:17, 2:2, 6)

바울은 시종일관 '그 유명한 사람들'이라면서 예수의 제자들을 비아냥거린다. 그런데 진짜 놀라운 건 이것이다. 다른 사람도 아닌, 예수의 수제자 베드로를 바울이 사람들 앞에서 공개적으로 꾸짖었다.

그런데 게바가 안디옥에 왔을 때에 잘못한 일이 있어서, 나는 얼굴을 마주 보고 그를 나무랐습니다. …… 나는 그들이 복음의 진리를 따라 똑바로 걷지 않는 것을 보고, 모든 사람 앞에서 게바에게 이렇게 말하였습니다. "당신은 유대 사람인데도 유대 사람처럼 살지 않고 이방 사람처럼 살면서, 어찌하여 이방 사람더러 유대 사람이 되라고 강요합니까?"

(갈라디아서 2:11, 14)

모든 성경 본문을 '상식과 합리성'이 아닌 무조건적인 '믿음으로' 읽는 사람들에게야 전혀 문제 될 게 없겠지만, 내게 바울과 제자들 간의 관계는 말 그대로 미스터리였다. 바울이 제자들과 비교해서 자신이 훨씬 더 우월하다고 느끼는 게 너무도 분명했기 때문이다!

'아니, 어떻게 이런 생각이 가능하다는 건지? 도대체 어떻게 감히 바울이 예수의 제자들을 앞에 놓고 이런 생각을 할 수 있는 거지?'

우리 아버지를 환상에서 만난 사람이 아버지와 수십 년간 함께 동역한 사람에게, 그것도 여러 사람 앞에서 이렇게 꾸짖는 게 말이 될까?

"목사님, 제발 정신 좀 차리세요. 그건 옥 목사님의 가르침이 아닙니다. 아직도 그걸 모르겠습니까?"

그런데 바울이 지금 바로 딱 그 모양이다. 그런데 그게 전혀 이상하지 않다고? 바울이 가진 우월감의 근원은 딱 하나다. 그가 아는 모든 지식이 하나님의 특별한 계시, 그러니까 신비한 방법으로 주어졌다는 것이다. 바울은 서신서 내내 영과 육을 비교하듯이, 사람에게서 배운 것과 하나님으로부터 직접 온 것을 철저하게 대비시킨다.

사람들이 시켜서 사도가 된 것도 아니요, 사람이 맡겨서 사도가 된 것도 아니요, 예수 그리스도께서 그리고 그분을 죽은 사람들 가운데서 살리신 하나님 아버지께서 임명하심으로써 사도가 된 나 바울이 …… 그 복음은, 내가 사람에게서 받은 것도 아니요, 배운 것도 아니요, 예수 그리스도의 나타나심으로 받은 것입니다.

(갈라디아서 1:1, 12)

바울에게 제자들은 '하나님 예수'가 아니라, '인간 예수'에게서 배운 사람들에 불과했다. '할례'에 관한 서신서 갈라디아서에서 바울은 내내 하나님에게서 온 지식과 사람에게서 온 지식을 비교한다. 사람에게서 온 지식에 불과한 '할례 전통'을 고집한다며 바울이 비난하는 대상은, 다름 아닌 예수의 제자들이다. 예수와 3년이란 시간을 동고동락한 것도 바울의 눈에는 고작해야 '인간 예수'와 함께한 것에 불과했나 보다. 바울이 만난 '하나님 예수' 또는 '신이 된 예수'와는 차원이 다른, 고작해야 '인간 예수'와 보낸 시간이니까.[27] 그랬기에 신성을 가진 예수와 만난 1분이 '인간 예수'와 함께 보낸 10년보다 더 가치 있다고 생각했던 것은 아닐까? 만약에

---

27   바울 서신 전반에서 예수의 생애와 가르침에 대한 내용을 거의 찾기 힘들다는 점도 기억할 필요가 있다. 그에게는 인간 예수는 별로 대단한 존재가 아니었나 보다.

바울에 대한 이런 추측이 맞는다면, 우리는 진짜 어려운 문제에 봉착한다.

"예수의 제자들은 '인간 예수'하고만 시간을 보낸 게 아니기 때문이다!!"

제자들은 다마스쿠스 도상에서 부활한 예수를 잠깐 본 바울과는 차마 비교도 할 수 없는 수준에 있었다. 부활한 예수와 살을 맞대는 끈끈한 만남을 가졌던 게 그들이었다. 하나님으로부터 직접 계시를 받는다는 바울의 자랑이 코미디로 들릴 정도로 제자들은 인간이 아닌 부활한 예수와 긴밀하게 만났다. 그건 복음서의 내용을 보면 분명하다. 게다가 베드로는 디베랴 호숫가에서 부활한 예수에게 사랑을 고백하는, 말 그대로 뜨거운 시간까지 보냈다. 그런데 그게 다가 아니다!

예수는 **사십 일 동안** 제자들에게 여러 차례 나타나시고, **하나님 나라에 관한 일들을** 말씀하셨습니다.

(사도행전 1:3)

제자들은 부활한 예수, 신성을 가진 예수로부터 무려 40일간 특별 집중 교육을 받았다. 그 교육의 내용은 하나님 나라의 비밀에 관한 것이었다. 그런 제자들을 고작해야 다마스쿠스 도상에서 잠깐 예수를 봤다는 바울이 무시한다고? 부활한 예수로부터 무려 40일에 걸쳐서 하나님 나라에 관한 비밀을 들은 베드로가 복음의 진리를 제대로 모르고 있었다고? 여전히 유대교 전통 안에서 버벅대다가 바울에게 공개적으로 망신을 당했다고?

게바가 안디옥에 왔을 때에 잘못한 일이 있어서, 나는 얼굴을 마주 보고 그를 나무랐습니다. …… 나는 그들이 복음의 진리를 따라 똑바로 걷지 않는 것을 보고….

도통 납득하기 어려운, 아주 이상한 상황이다. 부활한 예수로부터 무려 40일간 집중 교육을 받은 제자들이 바울도 아는 복음의 진리를 제대로 모른다니. 그중에서도 수제자라는 베드로가 여전히 이방인 선교를 놓고 고민을 하다니. 더는 의미 없는 할례를 놓고 바울과 그토록 심각한 갈등을 빚다니. 그런데 부활한 예수로부터 40일간 특별 교육을 받은 게 다가 아니었다. 제자들은 두 눈으로 하늘로 승천하는 예수를 목격했을 뿐 아니라, 마가의 다락방에서 불의 혀처럼 임하는 성령 체험까지 했다. 그런 제자들이, 그중에서도 수제자라는 베드로가 바울로부터 책망받는 장면은 성령으로 임신해서 예수를 낳은 어머니 마리아가 아들이 어떤 존재인지 몰라서 아들 예수와 갈등을 겪는 모습을 보는 것만큼이나 황당하기 그지 없다.

예수의 가족들이, 예수가 미쳤다는 소문을 듣고서, 그를 붙잡으러 나섰다.
…… 그때에 예수의 어머니와 동생들이 찾아와, 바깥에 서서, 사람을 들여보내어?예수를 불렀다. 무리가 예수의 주위에 둘러앉아 있다가, 그에게 말하였다. "보십시오, 선생님의 어머니와 동생들과 누이들이 바깥에서 선생님을 찾고 있습니다."

(마가복음 3:21, 31-32)

몸 부활의 승리

마가복음이 그리는 마리아의 모습을 볼 때 예수가 결코 동정녀의 몸에서 나왔을 리 없다는 합리적 결론을 내릴 수 있는 것처럼,[28] 바울에게 망신을 당하고 한 걸음 더 나아가 교육까지 받는 제자들을 볼 때, 그들이 부활한 예수와 40일을 함께 지냈다는 말은 말할 것도 없고, 어쩌면 아예 부활한 예수를 본 적도 없을지 모른다는 합리적 추론을 하게 된다.

이처럼 바울의 서신서를 통해서 만나는 제자들은 한마디로 미스터리, 최소한 내게는 가장 큰 신약의 난제다. 그런데 첫 번째 시나리오, 그러니까 제자들이 행여 만났을지 모를 부활한 예수도 사실 바울 수준의 '보이셨어요…'에 불과하다는(아니면 아예 그런 수준으로도 만난 적이 없다는), 시나리오를 받아들이는 순간, 이 미스터리는 바로 풀린다. 바울이 제자들을 무시하는 이해하기 힘든 상황이 단숨에 해결된다. 보기에 따라서 그게 너무나 당연하니까. 예수의 제자들? 그들은 모국어인 아람어도 제대로 쓰고 읽을 줄 모르던, 말 그대로 문맹이었을 것이다. 진보적인 학자는 제자들은 말할 것도 없고, 엘리트가 아닌 목수 출신의 예수도 문맹이었으리라고 확신한다.

더욱이 예수 시대에 유대 민족의 95~97%가 문맹이었기 때문에 예수도 역시 문맹이었다는 것, 그리고 그는 구전 문화에 속했던 당시 대다수의 사람들과 마찬가지로 자신의 전통의 근원적인 설화들과 기본적인 이야기들, 그리

---

28 마가복음은 예수의 동정녀 탄생을 담은 마태복음보다 먼저 썼다. 마가복음 저자는 당연히 동정녀 탄생이라는 말을 들은 적도 없었을 테고, 따라서 예수를 잡으러 다니는 '황당한' 마리아는, 저자에게 하나도 이상하지 않았을 것이다.
29 존 도미닉 크로산, 김기철 옮김, 『예수』(한국기독교연구소, 2007), 64쪽.

고 일반적인 소망들을 알고 있었을 뿐….[29]

그에 비해 바울은 어떤가? 그리스 문명이 찬란하게 꽃을 피우던 다소 출신에 그리스어를 유창하게 구사하던, 말 그대로 엘리트 중 엘리트였다.

다소는 로마 시대에 자체적으로 아카데미를 보유했을 정도로 중요한 지적 센터였다. 존경받는 선생 중 한 명이었던 철학자 아테노도루스 카나니테스 Athenodorus Cananites는 최초의 로마 황제인 아우구스투스Augustus의 교사였으며, 로마 제국이 다소를 후원하도록 하는 데에 큰 공헌을 했다.[30]

그뿐 아니라 여전히 유대교의 전통 안에서 살던 제자들이 할례와 음식 문제를 놓고 바울과 심각한 갈등을 빚었던 상황도 백분 이해할 수 있다.

그럼 두 번째 시나리오는 어떨까? 베드로와 사도들이 복음서에 나오는 대로 자세하게 부활 이야기를 했음에도, 바울이 고린도전서에 전혀 쓰지 않은 경우도 얼마든지 가능하지 않을까? 이 시나리오를 채택할 때 가장 먼저 물어야 할 질문은 이것이다.

"바울은 왜 그랬을까?"

가장 먼저 떠오르는 건 '시기심'이다. 제자들을 만나기 전까지 부활한 예수에 관한 이야기를 듣기는 했지만, 그래도 내가 만난 예수가 훨씬 더 특별했을 거라던 자부심이 제자들의 화려한 부활 스토리 앞에서는 차마 명함도 내밀 수 없는 수준이었다면…. 가뜩이나 할례 문제로 제자들과 갈

---

30 https://en.wikipedia.org/wiki/Tarsus,_Mersin.

등을 겪었던 바울로서는[31] 굳이 제자들의 권위를 더 높이는 이야기를 쓸 이유가 없을 테니까. 그러나 이 두 번째 시나리오를 채택하는 경우에는 너무도 많은 문제가 발생한다.

가장 먼저, 간략하다 못해 건조하기 이를 데 없는 바울의 부활 설명을 이해하기 힘들어진다. 그의 입장에서 제자들의 부활 이야기를 아예 빼는 것보다, 차라리 자기 이야기를 더 극적으로 추가하는 게 훨씬 더 자연스럽기 때문이다. 생각해보자. 제자들의 놀라운 부활 이야기가 사실이라면, 그게 당시에 초기 기독교인 사이에서 퍼지지 않았을 리 없지 않을까? 당시 초창기 기독교인이 예수님을 세 번 부인한 베드로의 이야기, 예수님의 상처를 직접 만진 도마의 이야기 등등을 모를 리 없지 않았을까? 그렇다면 그런 중요한 핵심이 싹 다 빠진 바울의 부활 서사가 신뢰를 주기는 힘들었을 것이다. 초기 기독교인 중에 월터 먼데일[32] 같은 사람이 있었다면, 아마도 이렇게 외치지 않았을까?

"핵심이 뭐에요? 진짜 중요한 내용이 없잖아요? Where is the beef?"[33] 제자들의 부활 이야기를 싹 다 빼는 대신, 그보다 더 놀라운 자신의 이야기를 덧붙임으로 바울은 권위와 진정성이라는 두 마리 토끼를 동시에 잡

---

31 옥성호, 『야고보를 찾아서』, 48~95쪽.

32 월터 먼데일Walter Frederick "Fritz" Mondale(1928.1.5.~)은 미국의 정치인이다. 1977년부터 1981년까지 제42대 부통령을 지냈고, 1984년 민주당 소속 대통령 후보로 나섰으나, 낙선하였다.(출처: 한국 위키피디아)

33 1984년 햄버거 체인인 웬디가 경쟁사인 맥도날드와 버거킹이 빵의 크기에 비해서 들어가는 소고기가 작은 것을 비판해서 만든 광고 문구. 이 말은 1984년 미국 민주당 대통령 선거 경선 때 당시 인기가 급상승 중이던 게리 하트 후보의 멋들어진 공약을 다 듣고 난 먼데일 후보가 게리 하트 후보에게 던짐으로써 전국적으로 유명해졌다. 그 이후로 겉은 그럴듯해 보이지만 막상 내용이 없는 경우를 놓고 쓰이는 말이 되었다.

을 수 있었을 것이다. 그런데 문제는 그게 다가 아니다. 진짜 문제는 다음 두 가지다.

첫 번째는 이미 앞에서 살펴보았듯이, '보이셨어요…' 정도의 고백에 제자들이 바울을 사도로 인정했을까 하는 당연한 의문이다. 두 번째 문제는 이것이다. 두 번째 시나리오가 사실이 되려면 한 가지 전제가 필요하다. 복음서가 말하는 다양한 부활 이야기가 사실이라는 전제이다. 그러니까 부활한 예수를 만난 베드로와 도마의 이야기 등이 다 사실이어야 한다는 것이다. 그런데 그 경우에는 이런 문제가 생긴다.

"바울이 말한 부활에 관한 내용과 복음서 속 부활에 관한 내용은 오로지 한 가지, 예수가 죽고 사흘 만에 다시 살아났다는 말을 제외하고는 서로 일치하지 않는다!"

그러니까 바울의 부활 이야기를 읽은 사람이라면, 누구나 다 "Where is the beef?" 외에도 이런 질문을 던질 수밖에 없지 않았을까?

"뭐야? 이거 우리가 제자들한테 들은 내용하고 많이 다르잖아?"

이 사실이야말로 바울이 제자들로부터 복음서에 등장하는 부활 이야기를 전혀 들은 적이 없다는, 그러니까 첫 번째 시나리오가 맞다는 사실을 강하게 반증한다. 그러니까 다시 강조하자면, **예수의 제자들도 부활한 예수에 대한 정보가 거의 없었다는 것이다.** 우리는 이미 부활장 내용이 당시 기독교인이 암송하던 신경이었음을 살펴보았다. 따라서 당시 모든 기독교인이 암송하던 신경 속 내용이 복음서 속 부활 이야기와 많이 다르다는 것은 결국 이 신경의 내용 또는 복음서 속 부활 이야기, 이 둘 중 하나는 거짓일 가능성이 매우 높다는 것이다. 과연 그런지 한번 하나씩 살펴보자. 바울은 이렇게 설명했다.

성경대로

장사 지낸 바 되셨다가

성경대로

사흘 만에 다시 살아나사

게바에게 보이시고

후에 열두 제자에게와

그 후에 오백여 형제에게 일시에 보이셨나니

그 후에 야고보에게 보이셨으며

그 후에 모든 사도에게와

그러나 복음서에 따르면, 다음과 같다.

1. 예수는 부활하고 베드로(게바)에게만 나타난 적이 없다. 바울은 예수가 베드로에게 먼저 나타나고 그다음에 제자들에게 나타났다고 분명하게 말했지만, 복음서에 따르면 예수는 베드로를 '포함한' 제자 전체에게 모습을 드러냈다. 제자들을 만나기 전에 예수가 모습을 드러낸 사람은 베드로가 아닌 막달라 마리아를 포함한 여자들이었다.[34]

---

34 이 문제에 대한 저명한 신학자, 제임스 던의 설명은 이것이다. "바울로가 고린토인들에게 보낸 편지 15장에 목록을 작성했을 때 그는 이 목록이 법적 증언만큼이나 신뢰할 만한 것으로 여겨지기를 바랐을 것입니다. 여성의 증언이 가치를 인정받기 어려웠던 상황에서 증인 목록의 맨 처음에 여성을 배치하는 것은 증언의 가치와 무게를 떨어뜨릴 수 있었습니다." 제임스 던, 김경민 옮김·해설, 『부활』(비아, 2016), 44쪽. 그런데 나중에 다루겠지만, 부활이 역사적 증거라는 근거 중 하나가 증언의 가치가 없는 여자들에게 예수가 먼저 나타났다는 것이라고 변증학자는 주장한다. 제임스 던은 널리 알려진 이런 변증학자들의 주장을 몰랐던 걸까?

2. 예수는 열두 제자가 아닌 열한 제자에게 나타났다. 가룟 유다가 이미 죽은 상태에서 제자의 숫자는 열둘이 아니라 열하나였다. 행여 바울이 가룟 유다라는 사람의 존재 자체를 아예 몰랐던 것은 아닐까? 만약에 가룟 유다가 바울도 모르는 사람이었다면, 어쩌면 가룟 유다라는 존재는 애초부터 '없었던' 건 아닐까?

3. 예수는 500명이 넘는 사람들 앞에 일시적으로 나타난 적이 없다.

4. 예수는 그의 형제 야고보에게만 특별히 나타난 적이 없다.

물론 여기에 대해서도 언제나 그렇듯이 보수정통 신학자는 모범답안을 가지고 있다.

"아니, 열두 제자라는 걸 왜 꼭 숫자로만 생각합니까? 당신, 바보예요? 그건 예수님의 제자를 상징하는 일종의 '고유명사'예요. 우리가 5,000만 국민이라고 할 때, 딱 숫자가 5,000만 명을 말하는 게 아니잖아요?"

상당히 일리 있는 반론이라고 생각한다. 하지만 문제는 바울이 예수의 제자를 일컫는 일종의 '고유 명사'로 열두 제자라는 단어를 사용했다는 증거는 어디에도 없다는 사실이다. 만약에 가룟 유다의 배신을 바울이 알았다면, 보통 사람들이 예수의 제자를 통상적으로 '열두 제자'라고 부르더라도, 오히려 '열한 제자'라고 강조하는 게 더 타당하지 않았을까?[35] 우리의 죄를 위한 죽음이기도 하지만, 또 동시에 제자의 배반 때문에 당한 죽음, 억울한 죽음이라는 사실을 강조하기 위해서도 말이다. 그 외 다른 차이에 대해서도 보수정통 신학자들은 별문제를 느끼지 않는다. 그들의

---

35   예수의 부활을 기록한 복음서는 명확하게 '열한 제자'라는 단어를 쓴다. 마태복음 28장 16절, 누가복음 24장 9, 33절, 마가복음 16장 14절.

주장은 대단히 단순하다.

"그리고 뭐라고요? 예수님이 베드로와 500명 그리고 야고보한테는 나타난 적이 없다고요? 그건 복음서가 그냥 쓰지 않았을 뿐이에요. 아니, 성경이 무슨 예수님의 24시간을 다 기록하는 '관찰 카메라'입니까? 아니, 나름 배웠다는 사람이 생각하는 게 왜 그렇게 편협해요? 예수님이 베드로에게만 나타나셨겠지요. 그런데 그걸 굳이 기록하지 않았을 뿐이에요. 예수님이 야고보에게만 나타나셨겠죠. 복음서가 그걸 기록하지 않았을 뿐이에요. 500명이 넘는 사람에게 예수님이 나타나지 않았다는 증거가 또 어디 있습니까? 다시 말하지만, 그냥 복음서가 기록하지 않았을 뿐이에요. 이것만 기억하세요. 성경은 24시간 관찰 카메라가 아니다."

이완용을 한번 생각해보자. 만약에 만사를 보수정통 신학자의 방식으로 생각한다면, 우리는 이완용이 일제 강점기에 어떻게 살았는지 함부로 판단하면 안 된다. 그를 매국노라고 불러도 안 된다. 우리가 몰라서 그렇지 그는 조국의 독립을 위해서 숨어서 피와 땀을 흘렸을지도 모르니까. 아니, 어쩌면 조국의 독립을 위해 매국노라 불리는 것을 자청했을지도 모르니까. 일제의 조선총독부와 합작해서 번 돈의 상당 부분도 사실은 상해임시정부로 보냈을지도 모른다. 몰래, 아주 은밀하게, 그것도 다른 사람의 이름으로 말이다. 그 누구도 이완용의 24시간을 관찰 카메라로 지켜본 사람은 없으니까. 그의 24시간은 말할 것도 없고, 그의 삶 전체를 알 길은 아예 없으니까. 그러나 우리는 이완용을 매국노라고 부르는 데 망설이지 않는다. 왜? 분명하게 드러난 팩트 때문이다. 그런데 필요할 때는 팩트를 인용하지만, 자신의 이론에 맞지 않는 팩트 앞에서는 팩트 대신 보이지 않는 이면을 보라고 한다면, 인간은 더 이상 '판단이라는 것'을 해서는 안 되는 존재가 된다. **주류 신학에 부합하는 내용만을 팩트라고 부르는 건, 다시 말하지만 '신앙고백'이지 '학문'이 아니다.** 신학자도 명색이 '학자'라면 연구하고 검증하는 책임을 져야지, '신앙고백'을 연구 결과처럼 말하면 안 되는 것 아닐까?

　지금까지 내용을 토대로 할 때, 첫 번째 시나리오, 그러니까 부활에 대해서 애초에 아는 게 거의 없었던 제자들이었기에 바울에게 별 이야기를 하지 않았다는 이 시나리오가 역사적 진실에 근접할 가능성이 더 크다. 게다가 바울이 쓴 부활장 내용이 당시 사람들이 암송하던 '신경'에 불과하다면, 부활한 예수와 제자들과의 감격스러운 상봉으로 가득 찬 복음서 부활 내용은 더더욱 이상한 이야기가 된다. 복음서가 사실이라면, 초창기 교인들은 다음과 같은 신경을 암송하는 게 훨씬 더 자연스럽기 때문이다.

성경대로

장사 지낸 바 되셨다가

성경대로

사흘 만에 **빈 무덤을 남기고**[36] 다시 살아나사

주를 세 번 배반한 게바를 회복시키시고

믿음 없는 도마를 가르치셨으며

또한 열한 제자에게

40일간 하나님 나라의 비밀을 보이셨으니

36　복음서에서 '빈 무덤'은 부활의 증거라는 측면에서 매우 중요하다. 2장에서 자세히 살펴보도록 하자.

다시 첫 번째 시나리오, 그러니까 제자들도 부활한 예수에 대해서 아는 게 거의 없었다는 게 맞는다면 중요한 질문 하나가 따라온다.

"그럼 도대체 예수의 제자들과 바울에게는 부활이 무엇이었을까? 그냥 '보이셨더라…' 정도의 만남이었음에도, 부활이 없으면 믿는 자가 가장 불쌍하다고 말할 정도로, 바울에게 부활이 그토록 가치 있었던 이유는 도대체 무엇일까?"

행여 예수의 제자들과 바울이 생각한 부활과 오늘날 우리가 생각하는 부활 사이에 큰 괴리가 있는 것은 아닐까? 아니, 21세기까지 올 것도 없다. 행여 제자들 및 바울이 생각한 부활과 복음서 저자들이 바라본 부활 사이에도 엄청난 차이가 있었던 것은 아닐까? 지금부터 바울이 쓴 부활을 좀 더 살펴보자.

성경대로
장사 지낸 바 되셨다가
성경대로
사흘 만에 다시 살아나사
게바에게 보이시고
후에 열두 제자에게와
그 후에 오백여 형제에게 일시에 보이셨나니
그 후에 야고보에게 보이셨으며
그 후에 모든 사도에게와
맨 나중에 만삭되지 못하여 난 자 같은 내게도 보이셨느니라.

바울에 따르면 부활한 예수는 순차적으로 나타났다.

게바 > 열두 제자 > 500여 명 > 야고보 > 모든 사도 > 바울.

앞에서도 언급했지만, 바울은 이 모든 나타남을 동일하고 대등하게 표현한다. 이 점은 매우 중요하다. 그러니까 게바에게 나타난 예수와 자신에게 나타난 예수가 조금도 다르지 않다는 것이다. 그냥 '보이셨더라…' 정도의 나타남, 구체적으로 말해도 사도행전의 서술처럼 예수가 빛 가운데 나타난 정도라는 것이다. 그러나 오늘날 기독교인에게 예수 부활의 의미는 명확하다. 손으로 만지고 확인할 수 있는 예수, 그러니까 '확실하게 몸으로 부활한 예수'가 아니면 별 의미가 없다고 생각한다. 미래의 부활이 '몸 부활'이라고 믿는 이유도 다름 아닌 예수의 부활 때문이다. 예수가 몸으로 부활했기 때문이다. 그렇기에 예수를 부활의 '첫 열매'라고 부른다. 과연 예수의 제자들과 바울에게도 부활이 그랬을까? 제자들이 직접 남긴 기록은 없지만, 다행히 바울은 기록을 남겼다. 그럼, 질문을 바꾸자.

"바울에게도 예수의 부활이 '몸 부활'이었을까?"

만약에 그랬다면, 왜 바울은 거기에 대해서 일언반구도 하지 않았을까? 비록 베드로를 비롯한 제자들에게서 들은 내용이 없더라도, 신학적으로 몸 부활의 가치를 설명했어야 하지 않을까? 마지막에 이런 구절 하나는 넣어야 하지 않을까?

맨 나중에 만삭되지 못하여 난 자 같은 내게도 보이셨느니라. **이 모든 보이심은 손으로 만지고 느낄 수 있었던 확실한 몸 부활로 인함이었더라.**

몸 부활의 승리

그런데 바울은 몸 부활을 아예 염두에도 두지 않았던 것 같다. 아니, 몸으로 부활했다면, 그거야말로 뭔가 단단히 잘못되었다고 생각했을 가능성이 훨씬 더 크다. 왜냐하면 몸에 대한 그의 생각이 워낙 명확하기 때문이다. 먼저 부활장에서 그가 몸을 어떻게 생각했는지 찾아보자.

하늘에 속한 몸도 있고, 땅에 속한 몸도 있습니다. 하늘에 속한 몸들의 영광과 땅에 속한 몸들의 영광이 저마다 다릅니다. …… 자연적인 몸으로 심는데, 신령한 몸으로 살아납니다. 자연적인 몸이 있으면, 신령한 몸도 있습니다. …… [37] 첫 사람은 땅에서 났으므로 흙으로 되어 있지만, 둘째 사람은 하늘에서 났습니다.

(고린도전서 15:40, 44, 47)

그가 말하는 '신령한 몸'과 '영의 몸'을 놓고 '몸 부활'이라고 말하면 안 된다. 바로 이어서 바울은 이렇게 썼기 때문이다.

마지막 아담(예수)은 생명을 주시는 영이 되셨습니다.

(고린도전서 15:45)

예수가 부활함으로 '생명을 주는 영'이 되었다고, '몸'이 아니라고 분명

37　변증학자 대부분은 이 구절을 '더 단단하고 훌륭한 육체'로 해석한다. 미국의 대표적인 부활 전도사 마이클 리코나도 그중 한 사람이다. 더 단단해진, 진짜 제대로 된 몸이기 때문에 사라지지 않는다고 주장한다. 만약에 그의 말대로 바울이 더 제대로 된 몸을 강조하고 싶었다면, 왜 바울은 예수의 몸에 여전히 남아 있는 십자가의 흉터와 음식을 먹는 것을 강조하지 않았을까? 그 두 가지만큼 몸 부활을 명확히 하는 것도 없을 텐데 말이다.

하게 선을 긋기 때문이다. 그에게 부활한 예수는 결코 손으로 만질 수 있는 몸을 가진 존재가 아니었다. 같이 앉아서 음식을 먹으며 다정하게 대화를 나눌 수 있는 존재도 아니었다. 그리고 그는 50절에서 다음과 같이 결론을 내린다.

> 형제자매 여러분, 내가 말하려는 것은 이것입니다. 살과 피는 하나님 나라를 유산으로 받을 수 없고, 썩을 것은 썩지 않을 것을 유산으로 받지 못합니다.[38]
> (고린도전서 15:50)

게다가 사도행전에서 바울은 자신의 경험을 무엇이라고 표현했던가? 환상이라고 분명히 말하고 있지 않은가? 몸과 몸이 만나는 것을 환상이라고 부르지 않는다.

> 나는 하늘로부터 받은 **환상**을 거역하지 않고.
> (사도행전 26:19)

한마디로 바울에게 혈과 육, 그러니까 육체는 썩는 것이기에 벗어버려야 하는 대상이다. 바울 서신서는 보기에 따라서 온통 신비한 경험으로 가득 차 있다. 그는 '삼층천'이라고 부르는 신비한 천국 체험을 했을 뿐

---

38 '육체가 죽고 나서 살아나는 것은 또 다른 특별한 육체가 아니라 영혼이다'라는 사상은 서신서 전반에 농후하다. "그는 육신으로 나타난 바 되시고 영으로 의롭다 하심을 받으시고"(디모데전서 3:16) "육체로는 죽임을 당하시고 영으로는 살리심을 받으셨으니"(베드로전서 3:18).

아니라,[39] 기도 중에 하나님과 직접 대화를 하기도 한다.[40] 애초에 그가 전파하는 모든 메시지는 육체적인 예수로부터가 아니라 신비한 '계시'를 통해서 알게 된 것이다.

> 형제자매 여러분, 내가 여러분에게 밝혀드립니다. 내가 전한 복음은 사람에게서 비롯된 것이 아닙니다. 그 복음은, 내가 사람에게서 받은 것도 아니요, 배운 것도 아니요, 예수 그리스도의 나타나심으로 받은 것입니다.
>
> (갈라디아서 1:11-12)

바울이 전하는 복음의 출처는, 사람 그러니까 육체로부터가 아니라 신비한 경험, 다름 아닌 계시다. 그는 부활장을 시작하면서도 바로 이 복음을 언급한다. 그러니까 지금 바울이 전하는 부활에 관한 메시지도 사람에게 배운 제자들과 달리 신비한 계시로 받았다는 사실을 강조한다.

> 형제자매 여러분, 내가 여러분에게 전한 복음을 일깨워 드립니다. 여러분은 그 복음을 전해 받았으며, 또한 그 안에 서 있습니다.
>
> (고린도전서 15:1)

---

39 "나는 그리스도를 믿는 사람 하나를 알고 있습니다. 그는 십사 년 전에 셋째 하늘에까지 이끌려 올라갔습니다. 그때에 그가 몸 안에 있었는지 몸 밖에 있었는지, 나는 알지 못하지만, 하나님께서는 아십니다."(고린도후서 12:2)
40 "그러나 주님께서는 내게 이렇게 말씀하셨습니다. '내 은혜가 네게 족하다. 내 능력은 약한 데서 완전하게 된다.'"(고린도후서 12:9)

바울의 이런 가르침을 고려한다면, 부활에 꼭 '몸'이 따라야 한다는 생각이야말로 바울이 가장 반대했을 것이다. 바울 사상의 핵심 중 하나는 다름 아니라, '몸'은 별로 중요하지 않다는 게 아니던가? 게다가 조금 후에 자세히 살펴보겠지만, 복음서 전반에 등장하는, 부활 진술에 가장 중요한 키워드인 '빈 무덤'을 바울은 전혀 언급하지 않는다. 무엇보다 부활을 다룬 첫 복음서인 마가복음의 마지막이 사람들에게 나타난 부활한 예수가 아니라, 그냥 '빈 무덤'이라는 사실을 생각하면, 이 '빈 무덤'이야말로 초기 기독교인에게 부활과 관련해 가장 중요한 '증거'여야 하지 않았을까? 그런데도 바울은 아예 언급조차 하지 않았다! 마치 서신서 내내 예수의 신성을 강조한 바울이 정작 예수의 신성을 드러내는 데 가장 핵심이 되는 정보, 동정녀 탄생을 단 한 번도 말하지 않았던 것처럼 말이다.

이런 상황을 종합하면, 바울은 아마도 예수의 몸은 무덤에서 이미 썩었지만, 그의 영혼이 부활해서 새로이 신령한 몸을 입었다고 생각했던 것 같다. 바울에게 부활은 아마도 100% 영혼의 문제였을 것이다. 십자가에서 당한 상처를 그대로 지닌 몸이 움직이는 게 부활이라면, 바울에게 그건 '불완전한 부활'이었을 것이다. 무엇보다 당시에는 바울과 같은 생각이 자연스러웠다. 죽은 누군가의 환상을 봤다고 그 사람의 무덤에 뛰어가서 시신을 확인하는 사람은 없다. 변화산에서 모세를 봤다고 모세 무덤을 찾아서 파헤치지 않는다. 죽은 사람을 다시 만났다는 사실만으로, 환상을 본 것으로 부활했다고 확신하는 데는 충분하니까. 육체라는 감옥을 벗어나 영혼이 자유롭게 된, 진정한 부활이라고 생각했을 것이다.

무덤 속에 남은 몸이 썩는 것은 당연한 일이었다! 아니, 그 몸은 썩어야 했다. 그런 측면에서 바울이 데살로니가전서 4장 16-17절에서 묘사한

'휴거' 이야기도 몸이 하늘로 날아오르는 게 아니라, 영혼이 이미 썩은 몸을 빠져나간다고 보는 게 훨씬 더 자연스럽다.

> 주님께서 호령과 천사장의 소리와 하나님의 나팔 소리와 함께 친히 하늘로부터 내려오실 것이니, 그리스도 안에서 **죽은 사람들이 먼저 일어나고**, 그다음에 살아남아 있는 우리가 그들과 함께 구름 속으로 이끌려 올라가서, 공중에서 주님을 영접할 것입니다. 이리하여 우리가 항상 주님과 함께 있을 것입니다.
> (데살로니가 전서 4:16-17)

썩은 육체가 재생하는 게 아니다. 무덤 속에서 이미 썩어버린 몸과는 상관없이 영혼이 움직이는 것이다. 그게 아니면, 뚱뚱한 인간은 뚱뚱하게 다시 살아나서 하늘을 날아오르나? 아니면 갑자기 날씬해지나? 아니, 바다에 빠져서 죽었거나 동물에게 잡아먹힌 사람의 몸은 어떻게 원상복구가 된다는 건지? 이처럼 바울에게 '몸 부활'은 말 그대로 불완전한 몸을 그대로 유지한다는 면에서 어이없는 주장이었을 것이다. 바울에게 몸이 완전해진다는 것은 불완전한 몸을 완전히 벗는다는 의미였다.

현재 기독교 변증학자를 대표한다고 해도 과언이 아닌 윌리엄 레인 크레이그(앞으로 '크레이그'로 표기)[41]는 부활한 예수가 환상이 아니라 몸을 입었다는 사실을 강조하기 위해, '1세기 유대인은 죽은 사람이 환상에 나오면 죽었다고 생각하지 그 사람이 부활했다고 생각하지 않는다'라고 주장한다.[42] 그러나 그는 포인트를 잘못 짚었다. 모세의 환상을 본 사람이, "아, 모세는 죽었구나…"라고 생각하지 않는다. 도리어 새 몸을 입었다고, 육신을 버리고 영혼으로 다시 태어났다고 생각한다. 바로 그게 당시 사람들이 생각한 부활이었다.

만약 제자들이 예수의 육체는 부패했으나 그 영혼은 계속해서 살아 있다고
설명했다면, 동시대 사람들도 어느 정도 이치에 닿는 이야기로 받아들였을
지 모른다.[43]

우리는 이제 아주 중요한 한 가지 질문에 봉착했다.
"그렇다면 '몸 부활'을 강조하는 복음서의 내용은 어떻게 생긴 것일까?"
모든 면에서 철저히 바울의 입장(신학)을 고수했다고 보아도 무방한 복
음서가 왜 부활에 관해서만은 이토록 바울과 전혀 다른 이야기를 할까?
왜 바울이 전혀 언급하지도 않는 '몸 부활'이 복음서 부활의 핵심이 되었
던 걸까? 이 질문에 대답하기 전에, 예수가 영혼이 아니라 몸으로 부활했
다는 점을 복음서가 어떻게 강조했는지 먼저 살펴보자.
가장 먼저 쓰인 복음서, 마가복음은 '빈 무덤'에서 끝난다. 예수가 '몸
으로' 부활했다는 것을 암시하지만, 부활한 예수의 행적은 전혀 기록하지
않았다. 그럼 마가복음 다음에 쓰인 마태복음에서는 부활한 예수가 어떻

---

41   윌리엄 레인 크레이그William Lane Craig(1949~)는 미국의 기독교 변증학자이자 분석 기독교 철학
      자, 그리고 신학자다. 크레이그의 철학 연구는 종교 철학과 형이상학에 집중되어 있다. 그의 신학적
      관심사는 역사적 예수와 철학신학이다. 그는 대중적인 무신론자들과의 신 존재에 대한 공개토론으
      로 널리 알려져 있는데, 예를 들면 크리스토퍼 히친스나 샘 해리스, 로렌스 크라우스 등과 토론 경험
      이 있다. 크레이그는 온라인 변증 사역지인 ReasonableFaith.org를 세웠다. 그의 최근 논문은 '신
      적 자존성'에 대한 연구를 다루었다. 크레이그는 또한 여러 권의 저서를 쓰기도 하였는데, 대표적으
      로 『말이 되는 믿음Reasonable Faith』 등이 있다.(출처: 한국 위키피디아) 경력으로나 활동으로나, 그를
      명실상부한 최고의 부활 전도사라고 부르는 건 전혀 과장이 아니다.
42   https://www.youtube.com/watch?v=rCFuhlnsF9c 1:34:05.
43   일레인 페이절스, 하연희 옮김, 『숨겨진 복음서 영지주의』(루비박스, 2006), 40쪽.

게 묘사되었을까? 마가복음의 대부분을 참고한 마태복음 저자지만, 부활 이야기를 그냥 '빈 무덤'으로 끝내버린 데 대해서는 상당한 불만이 있던 게 분명하다. 저자가 마태복음을 써야겠다고 결심한 이유 중 하나도, 당시 분명 상당한 인기를 끌었던 마가복음의 부족한 부분을 개선하기 위해서였을 것이다. 한마디로 저자는 '마가복음 개정판'으로 마태복음을 썼다.[44] 예수의 동정녀 탄생과 더불어 또 하나 중요한 과제는 엔딩이 '빈 무덤'에서 끝나지 않는 것이었다. 저자는 부활한 예수가 갈릴리에서 제자들을 만나는 새로운 스토리를 첨가했다.[45] 다른 복음서 저자들과 달리 신비한 자연 현상을 대단히 중시하는 마태복음 저자는 예수 탄생에 동방박사를 인도하는 '별'을 등장시켰고, 십자가 사건과 부활에는 각각 두 번의 '지진'을 일으켰다.

마태복음에 따르면 십자가 사건은 지진과 함께 무덤이 열리면서 나온 좀비가 예루살렘을 휘젓는데(마태복음 27:51-54), 부활(마태복음 28:2)에도 아니나 다를까 지진을 동반한다.[46]

다음 장에서 자세히 살펴보겠지만, 문제는 예수가 죽었을 때도 지진이 일어났고 또 좀비까지 온 예루살렘을 휘젓고 다녔는데, 세상은 너무나 조용했다. 예수가 죽고 3일이 지나 부활에 맞춰서 또 한 번의 지진이 일어났

---

44   마태복음과 관련해 더 자세한 내용을 보려면 옥성호, 『신의 변명』, 225~228쪽 참조.
45   학자들은 19절의 부분, "아버지와 아들과 성령의 이름으로…" 부분은 후대의 첨부로 생각한다. 삼위일체 사상이 자리 잡은 후 누군가가 이 부분을 수정했을 것이다.
46   http://godlesshaven.com/he-is-risen-resurrection-discrepancies/.

는데도, 그 황량한 팔레스타인 땅에 며칠 사이에 두 번이나 지진이 일어났는데도, 게다가 죽은 예수가 부활했는데도 세상은 여전히 아무것도 몰랐다. 그런데 누가복음 저자의 눈에는 마가복음 개정판인 마태복음도 별로 성에 차지 않았던 것 같다. 누가복음 저자는 보기에 따라서 마태복음이 가진 문제점을 해결하려고 펜을 들었다고 보아도 무방할 정도다. 마태복음 저자가 저지른 실수를 고치거나 또는 미비한 부분을 좀 더 보완하기 위해서. 다시 말해서 누가복음은 '마태복음 개정판'인 셈이다. 예를 들어, 당시 예수가 나사렛 출신이라는 것은 공공연한 사실이었던 것 같다. 그런데도 마태복음 저자는 예수를 베들레헴 출신으로 썼다. 누가복음 저자는 예수의 출생지를 나사렛으로 수정했다. 예수의 부활과 관련해서도 누가복음 저자의 눈에 마태복음은 많은 보완이 필요했던 것 같다. 무엇보다 마태복음만 읽어서는 부활한 예수가 제자들과 대화를 나눈 것은 분명하지만, 그것만으로는 오해의 소지가 다분해 보였기 때문이다. 그 정도의 '대화'는 얼마든지 환상으로도 가능하지 않겠냐는 반론의 여지가 있기 때문이다. 그래서 누가복음 저자는 확실한 '몸 부활'의 진수를 보여주겠다는 각오로 펜을 들었다. 먼저 예수의 입을 통해서 몸 부활을 확실하게 선언한다.

내 손과 내 발을 보아라. 바로 나다. 나를 만져 보아라. **유령은 살과 뼈가 없지만, 너희가 보다시피, 나는 살과 뼈가 있다.**

(누가복음 24:39)

유령이 아니란다. 유령에게는 없는 '살과 뼈'가 있단다. 그리고 놀라운 사건 하나가 등장한다. 살과 뼈가 있는 몸을 강조하기 위해서, 누가복음 저자는 부활한 몸으로 제자들과 함께 음식을 먹는 예수를 만들어냈다!

> 그래서 그들이 예수께 구운 물고기 한 토막을 드렸다. 예수께서 받아서, 그들 앞에서 잡수셨다.
>
> (누가복음 24:42-43)

음식을 함께 먹는다? 예수의 말 그대로 유령은 음식이 필요하지 않다. 일설에는 의사라고도 알려진 누가복음 저자는 예수의 부활이 결코 영혼 부활이 아니라는 사실을 짧지만 확실하고 강렬하게 독자에게 전달했다. 이런 누가복음이 맞는다면, 부활한 예수를 만난 후에 예루살렘을 방문한 바울에게 베드로는 이렇게 물었어야 했다.

"야, 너 예수님하고 같이 앉아서 생선 먹은 적 있어? 뭐라고? 그런 적 없다고? 지금 장난쳐? 그러고도 지금 부활한 예수님을 만났다고 말하는 거야?"

이런 몸 부활은 요한복음에서 다시 한번 더 극적으로 업그레이드된다.

> 그리고 나서 도마에게 말씀하셨다. "네 손가락을 이리 내밀어서 내 손을 만져 보고, 네 손을 내 옆구리에 넣어 보아라. 그래서 의심을 떨쳐버리고 믿음을 가져라."
>
> (요한복음 20:27)

부활한 예수의 몸이 놀랍게도 십자가의 흔적을 고스란히 가지고 있다!

영혼은 말 그대로 육신이 가질 수 있는 모든 불완전함이 제거된 상태다. 그런데 예수에게는 흉터가 있다! 이건 부활한 예수가 음식을 먹었다는 사실을 능가하는 스토리다. 흉터는 몸에만 있는 거니까. 게다가 요한복음 저자는 거기서 끝나지 않고 도마가 예수를 만지는 부분을 더 극적으로 만들기 위한 사전 작업까지 마쳤다. 바로 몇 구절 앞에 예수와 마리아와의 만남이 나온다. 자신을 만지려는 마리아에게 예수가 뭐라고 말하는가? 만지지 말라고 한다. 이유야 알 수 없지만, 아직 하늘에 가서 아버지를 만나지 못했기 때문이란다.

> 예수께서 마리아에게 말씀하셨다. "내게 손을 대지 말아라. 내가 아직 아버지께로 올라가지 않았다."[47]
>
> (요한복음 20:17)

그런데 이런 마리아와는 달리 도마는 예수를 만졌다! 그건 뭘 의미할까? 그건 예수가 이미 하늘에 가서 아버지를 만나고 왔음을 의미한다. 다시 말하면, 천국에 가서 하나님을 만나고 왔는데도 예수는 몸에 여전히 흉터를 지니고 있음을 강조한다. 그만큼 예수가 몸으로 부활한 것은 확실하고 중요하다는 것, 요한복음 저자는 이 정도로 예수가 몸으로 부활했다는 사실을 강조하고 싶었다. 결국 마리아와의 사전 만남은, 몸을 못 만지게 한 예수의 말은, 다 이후 도마와의 극적인 만남을 위한 사전 작업으로

---

47 마태복음에 의하면 하늘에 아직 올라가지도 않은 예수를 여자가 만지는 데 별문제가 없었다. "예수께서 그들을 만나 이르시되 평안하냐 하시거늘 여자들이 나아가 그 발을 붙잡고 경배하니."(마태복음 28:9)

저자가 넣은 것이다.

그러나 복음서 저자들이 그린 몸 부활이 가진 문제는 한두 가지가 아니다. 가장 큰 문제는, 앞에서도 언급했듯이 더 이상 시신이 남아 있지 않은 경우다. 화형을 당하거나 동물에게 먹혔거나 또는 바다에 빠져서 아예 시신이 훼손된 경우 등이다. 그렇게 죽은 사람은 도대체 어떻게 몸으로 부활한다는 걸까? 아마도 복음서 저자들은 거기까지는 생각하지 못했던 거 같다. 그런 죽음을 극단적인 예외라고 생각하더라도 문제는 여전하다. 무엇보다 부활한 예수의 몸에, 부활했기에 완전해야 하는 몸에 못 자국이 여전히 남아 있었다는 건, 한마디로 당황스럽다. 죽을 때 갖고 있던 흉터는 영원히 사라지지 않는다는 뜻인가? 살아 있을 때 성형수술로 미리 없애야만 한다는 걸까? 다른 사람은 몰라도, 바울은 여전히 흉터가 남는 몸 부활을 그 누구보다 극렬하게 반대했을 것이다. 게다가 그가 지극히 못생겼고 또 대머리였다는 구전이 맞는다면 더욱 그랬을 것이다. 비단 바울뿐이랴? 화상 환자는 그 끔찍한 아픔의 흔적을 계속 지닌 몸으로 부활한다는 것인가? 혹자는 이렇게 말한다.

"이봐요. 그건 전혀 말이 안 되지요. 왜 천국에 갔는데 흉터가 있어요? 말이 좀 되는 소리를 하세요. 제발 당신과 예수님을 동일 선상에 놓고 보는 그 교만한 마음을 버리세요. 제발 어린아이와 같은 마음으로 말씀을 읽으세요. 예수님은 우리 인간이 아니에요. 예수님이 굳이 몸에 흉터를 지니고 사시는 건, 우리가 계속 십자가의 은혜를 상기하도록 하기 위해서예요. 왜 그 깊은 진리를 모르세요? 찬송가 가사 몰라요? '주를 내가 그의 곁에 서서 뵈오며, 나의 주를, 나의 주를, 손에 못 자국을 보아 알겠네.' 한마디로 예수님이 우리를 위해서 천국에서도 희생하시는 거예요. 나는 예

수님 몸에 있는 흉터 얘기를 들으면 은혜가 돼서 눈물이 나던데 왜 당신
은…."

아니, 근데 굳이 천국에서까지 내가 죄인이었다는 것을 계속 상기하면
서 살아야 한다고? 그것도 영원히? 예수의 몸에 남은 흉터를 보면서 회개
기도를 하라고? 영원히 죄책감을 느끼라고? 천국에서도? 이처럼 복음서
속 부활에 관한 이야기는 도대체 어디까지 문자 그대로 보고 어디는 은
유와 상징으로 봐야 할지 구분하기가 쉽지 않다. 물론 애초에 저자는 독
자가 이런 혼란을 느끼리라고 전혀 상상도 못 했을 것이다. 정작 본인은
전혀 모순과 혼란을 느끼지 않았을 테니까. 우리가 다 아는 대로, 결과적
으로 예수의 몸 부활을 강조하는 복음서는 주류가 되었고 2세기부터 몸
부활 외에 다른 부활을 주장하는 부류는 다 이단이 되었다. 그리고 그건
2019년에도 전혀 달라지지 않았는데, 예수가 몸으로 부활했다는 해석 외
의 주장은 지금도 다 '이단'이다. 자, 그럼 결론적인 질문을 던지자.

"왜 복음서 저자들은 바울의 부활장과는 달리 몸 부활을 강조했을까?"
여기에 대한 중요한 힌트를 우리는 초기 기독교 상황에서 찾을 수 있다.

기독교 운동 초기에는 다양한 형태의 기독교가 존재했다. 수백 명에 달하는
교사들이 저마다 '그리스도의 참된 교리'를 가르친다고 주장하였고 서로 사
기꾼이라며 헐뜯었다. 모두 한결같이 자신들이 '적자'라 주장했다. 기독교인
들은 이처럼 엇갈리는 주장을 어떻게 해결했을까? 예수는 그들 모두가 인정
했던 유일한 권위였다.[48]

48   일레인 페이절스, 앞의 책, 44쪽.

몸 부활의 승리

그렇다면, 이런 가정도 가능하지 않을까?

"혹시, 주도권을 잡으려는 초기 기독교의 '경쟁'이 보통 우리가 추측하는 것보다 훨씬 더 일찍 시작된 건 아닐까?"

복음서가 쓰이던 시기, 그러니까 1세기 후반에 기독교의 주도권을 둘러싼 숨 가쁜 달음박질이 이미 한창 진행 중이었던 건 아닐까? 복음서를 쓴 디아스포라 기독교인이 바울 신학의 후계자인 것은 분명해 보인다. 그러나 그들이 다 똑같지는 않았을 것이다. 분명히 같은 '바울파'라고 하더라도 그 안에는 여러 가지 계파가 존재했을 것이다.[49] 그리고 그중에서 분명히 부활에 관해서도 바울의 입장과 비슷한 '영혼 부활'을 중시하는 계파가 있었을 것이다. 동시에 '몸 부활'을 중시하는 또 다른 계파도 있었을 것이고. 그런데 영혼 부활을 강조하는 세력이 점점 더 세를 키워가고 있었다면? 그런 상황에 위기감을 느낀 몸 부활을 지지하는 누군가가 그 세력을 저지하고 주도권을 쥐고 싶었다면 어떻게 해야 했을까? **사람들의 마음을 사로잡는 '새로운 스토리'를 기록하고 널리 유통하는 길밖에는 없었을 것이다.** 요즘으로 치면 유튜브 방송을 시작하고 최대한 많은 구독자와 조회 수를 기록하는 것과 다르지 않다. 사실 복음서가 쓰이던 당시에 이미 Q 문서 외에 여러 가지 형태의 예수에 관한 기록이 널리 유통되었다. 그런 중에 바울 신학을 유지하면서 확실한 '차별성'을 내세울 수 있는 카드로 영혼 부활이 아닌, 몸 부활이 강조된 새로운 형태의 부활 스토리를 담은 오늘날의 '복음서'가 쓰였다면?

복음서 저자들은 몸 부활이라는 메시지가 제대로 먹히려면 그 메시지

---

49 2019년 현재 같은 예수를 믿는 기독교에는 무려 3만 개가 넘는 다양한 교파가 있다.

에 '권위'가 담겨야 한다는 사실을 잘 알았다. 누구나 인정하는 유일한 존재인 예수와 직접 연결된 '권위의 기원', 그들에게는 부활한 예수와 극적인 만남을 가진 베드로가 필요했다. 복음서 내내 비록 베드로를 미련하게 그렸지만, 그가 예수의 수제자인 것은 바뀔 수 없었다. 베드로는 예수를 보고 만졌고, 또 그와 함께 울고 웃었다. 초대 기독교인은 처음부터 유대인을 경멸하고 저주했지만, 그들에게는 베드로가 필요했다. 그는 권위의 기원으로 없어서는 안 되는 존재였다. 이건 마치 미국 교포 자녀들이 필요에 따라서 어떤 때는 한국식을, 또 어떤 때는 미국식을 주장하는 것과 비슷하다. 미국식으론 부모에게서 독립을 원하지만, 또 한국식으론 학비와 결혼은 당연히 부모가 해줘야 하는 의무라고 말하는 것처럼 말이다. 복음서 저자들도 베드로를 비롯한 모든 제자를 미련하고 비겁한 무지렁이로 그리면서도, 몸 부활한 예수가 필요할 때는 진위를 반증해줄 그들이 필요했던 건 아닐까?

노무현 대통령은 생전에 자신의 임기 내내 고생만 한 전 충남지사 안희정에게 미안한 마음을 갖고 있었다고 한다. 노무현 대통령이 퇴임을 앞둔 어느 날 안희정은 그런 노 대통령의 마음을 알았는지 이런 부탁을 했다고 한다.

"대통령님, 저 아무것도 필요 없습니다. 그냥 노무현이라는 유산, 그 레거시legacy를 제가 쓰도록 해주십시오."

안희정의 요청은 다름 아니라 자신이 노무현의 '적통 후계자'가 되도록 해달라는 것이었다. 그러니까 노무현의 가치가 자신에게 이어지기를 원했던 것이다. 베드로가 필요했던 초기 기독교인은 노무현의 이름이 필요했던 안희정과 별로 다르지 않았을 것이다. 문제는 타이밍이고 유통이었다. 당시 기독교인 중 그 누가 베드로의 적통이 되고 싶지 않았을까? 결국 누가 더 그럴듯한 스토리가 담긴 신학으로 신자의 마음을 사로잡는가는, 누가 주류가 되는가를 결정하는 문제였다. 비록 같은 '바울파'였지만, 부활에서만은 달랐던 두 계파는 공존할 수 없었다. 그리고 우리는 지금 누가 승리했는지 알고 있다.

지금 기독교인 손에 들린 '성경'에는 예수의 몸 부활을 강조하는 계파가 쓴 글이 '복음서'라는 이름으로 들어 있기 때문이다. 몸으로 부활한 예수를 직접 만났다는 베드로를 적극적으로 등장시킨 몸 부활파가 더 많은 사람의 호기심을 자극했는지 모르겠다. 아니, 무엇보다 지도자들의 입장에서는 몸 부활이 자신의 권위를 유지하는 데 훨씬 더 유리하다는 점도 작용했을 것이다. 이게 무슨 소리인가?

익명으로 쓰인 복음서에 언젠가부터 마태/마가/누가/요한이라는, 하나같이 예수의 제자들 또는 그들과 직간접적으로 이어진 사람이 저자라고 알려지기 시작한 사실은 중요하다. 그리고 아마도 당시에 그 글을 손에 들고 가르친 사람들도 자기네 계보를 그들에게서 찾았을 것이다. 한마디로 이것이다.

"여러분을 가르치는 나의 권위가 어디서 오는 것인지 아십니까? 바로 부활하신 주님을 눈으로 직접 보고 손으로 만진 제자에게서 오는 것입니다. 내가 그분들로부터 직접 배운 분에게서 배웠다니까요. 내가 정통이라니까요!"

권위는 이런 식으로 계승되었을 것이다. 그런 면에서 1세기 기독교 초창기 지도자도 200, 300년 정도가 지난 후에, 무슨 수를 써서라도 예수를 '신'으로 만들어야 했던, 로마 시대 감독들과 크게 다르지 않았다. 초창기 지도자들 역시 '신이 된 예수'가 필요했던 로마 시대 감독들처럼, '몸 부활'을 부각함으로써 역사 속에서 두 번 다시 번복되지 않을 절대적인 권력을 추구했기 때문이다.

진짜 질문은 이것이다.
"예수가 신이 되는 것이 왜 황제와 감독들에게 유리했을까?"
당시에(콘스탄티누스 황제가 다스리던 4세기 로마 시대) 교회 지도자의 권위는 예수의 제자들, 그중에서도 수제자 베드로에서 기인했다.

또 내가 네게 이르노니 너는 베드로라. 내가 이 반석 위에 내 교회를 세우리니 음부의 권세가 이기지 못하리라.
(마가복음 16:18)

달리 말해 예수가 신이 되어야 그의 제자 베드로에게서 내려오는 교회 지도자의 권위가 더 확고하게 보장된다. 왜 그랬을까? 왜 예수가 신이 되어야 베드로에게서 유래한 권위가 더 확고해질까? 베드로는 단순히 예수의 제자가 아니다. '신' 예수를 직접 보고 만진 특별한 인간이다. 이 점은 매우 중요하다. 예수가 더 이상 이 땅에 없기에, '신' 예수를 보고 만진 제2의 베드로는 더 이상 나올 수 없기 때문이다. 결과적으로 베드로에게서 유래한 권위는 이제 '유일무이'한 권위가 되었다. 그 결과 '신' 예수를 보고 만진 베드로에서 시작한 지도자의 권위는 신적 수준의 권위가 된다.
　그러나 예수가 일개 인간에 지나지 않는다면, 베드로에게서 시작한 권위가 인간에게서 왔다는 의미이고, 언젠가는 무너질 수도 있는 모래성 위에 쌓은 불안한 권위일 뿐이다. 행여 누군가 더 큰 권위를 만들어낼지 알 수 없었다. 따라서 교회 지도자에게 '인간 예수'는 유일무이한 권위에 대한 위협이었고, 그것은 자연스럽게 권위의 약화를 의미했다.[50]

아마도 적지 않은 사람들은 바울도 복음서 저자와 마찬가지로 예수의 '몸 부활'을 믿었다고 생각하고 싶을 것이다. 그러나 그렇지 않았다. **바울은 예수가 동정녀로부터 태어났다고도 전혀 생각하지 않았고,[51] 그가 인간으로 있는 동안의 삶과 가르침에도 별 관심이 없었다.[52]** 아니, 관심이 없었던 게 아니라 아는 게 아무것도 없었을 것이다. 복음서 저자들이 예수에 관한 각종 이야기들을 만들어내기 전에 죽었기 때문이다. 따라서 그는 산상수훈의 가르침도 들어본 적도 없었을 것이고, 예수가 죽은 나사로를 살렸다는 것도 전혀 몰랐을 것이다. 하물며 죽었던 예수가 몸으로 다시 살아나 이 세상에서 40일간 지내면서 이런저런 에피소드를 만들었다는 것은 아예 상상조차 할 수 없었을 것이다. 바울에게 예수는 십자가에서 죽었고, 그 죽음 후에 육체를 벗고 부활해서 하늘로 올라간 것으로 충분했다. 그러니까 지금 성경을 손에 들고 있는 우리가 바울보다 예수에 대해서 훨씬 더 많이 알고 있다!

그럼 왜 부활에 대해서 이렇게 상반되는 두 가지 시각이 신약성경에 다 들어 있냐는 의문이 들지 모르겠다. 여러 가능성이 있겠지만, 27권으로

---

50 옥성호, 『신의 변명』, 135~136쪽.
51 "육신으로는 다윗의 후손으로 태어나셨으며."(로마서 1:3)
52 바울 서신서에 예수의 가르침과 생애에 대한 기록이 없어도 너무 없다는 것은 오랫동안 많은 성경학자를 곤혹스럽게 한 문제다. 그러나 사실은 하나도 곤혹스러울 게 없다.

정경을 확정하던 당시, 사람들은 그렇게 복잡하게 생각하지 않았을 것이다. 오죽하면 그로부터 무려 2,000년 가까이 지난 지금에도, 그것도 평생 교회에서 성경을 공부한 사람들에게조차 지금 내가 이 책에서 말하는 내용이 마냥 생소할 텐데, 하물며 2,000년 전이야. 그때에는 텍스트를 분석한다는 개념 자체가 없었다. 아니, 하나님의 말씀은 감히 분석의 대상이 아니었다. 결론적으로 교회의 주도권을 잡고자 한 바울 세력 중 한 분파에 의해서 예수의 부활은 복음서를 거치면서 서서히 몸 부활로 자리 잡았고, 그 결과 지금도 가톨릭과 개신교의 이른바 정통은 예외 없이 '몸으로 부활한 예수'를 중심으로 똘똘 뭉쳐 있다.

역사 속
부활의 흔적

부활, 역사인가 믿음인가?

제자들과 바울의 관계를 볼 때, 제자들의 부활 경험도 잘해야 바울과 별반 다르지 않은 '영혼 부활'이거나 아니면 아예 아무런 체험이 없었을지도 모른다는 추론에 이르렀지만, 그게 100% 맞다고 말하기 어려운 이유는 우리 앞에는 '몸 부활'을 강조하는 복음서가 엄연히 존재하기 때문이다. 제자들과 함께 음식을 먹고 이야기를 나눌 뿐 아니라, 몸을 만져보라고 하는 예수, 나는 유령이 아니라고 외치는 예수. 이런 부활 이야기가 신약성경 안에 당당하게 들어 있다. 그러나 예수가 영혼으로 부활했는지, 아니면 몸으로 부활했는가보다 더 중요한 질문은 이것이다.

"예수가 정말로 부활했는가?"

이 질문에 '예'라고 확신 있게 답할 수 있어야, 우리는 비로소 영혼 부활 또는 몸 부활과 같은 신학적인 질문을 던질 수 있다. 그렇지 않다면, 부활이 영혼이냐 몸이냐는, 말 그대로 탁상공론일 뿐이다. 비록 순서가 바뀐 감이 없지 않지만, 지금부터 이 질문에 대한 답을 찾아보자.

"예수는 정말로 부활했는가? 그렇다면, 그 사실은 역사적으로 증명이 가능한가?"

만약에 예수가 부활하는 장면이 동영상으로 남아 있다면, 지금 내가 쓰는 이런 책은 애초에 필요 없었을 것이다. 물론 동영상은 말도 안 되는 이야기지만, 하다못해 조금만 더 객관적인 기록만 있었더라도 상황은 많이 달라졌을 것이다. 기록을 토대로도 얼마든지 역사적 진실 여부를 검증할 수 있기 때문이다. 그러나 아쉽게도 예수의 부활이 기록된 유일한 문서인 복음서에는 예수가 부활하는 장면이 없다. 앞 장에서 살펴본 대로 가장 먼저 쓰인 마가복음은 단지 '빈 무덤'으로 끝날 뿐이다. 그런데 예수의 부활 장면을 기록한 문서가 있다! 비록 정경에 들어가는 데는 실패해서 '외경'으로 불리는 신세이지만, 서기 70년에서 130년 사이에 쓰인 것으로 보이는 '베드로 복음서'가 바로 그것이다.

그러나 여호와의 날이 시작된 밤에 군인들이 모든 방향에서 두 명씩 짝을 짓고 무덤을 지키고 있었다. 그때 하늘로부터 큰 음성이 있었다. 병사들은 하늘이 열리고 광채에 빛나는 두 남자가 하늘에서 무덤 근처로 내려오는 것을 보았다. 무덤을 굳게 닫고 있던 돌이 스스로 굴러서 멀찍이 떨어져 나갔다. 무덤이 열리자 두 남자가 무덤으로 들어갔다. 이 광경을 목격한 병사들은 백부장과 장로를 깨웠다.(그들 또한 그 현장에 있었기 때문이다) 그들이 도대체 무슨 일이 일어난 건지 생각할 때에, 그들은 무덤에서 나오는 3명의 남자를 보았다. 두 사람이 한 사람(예수)을 부축하고 있었고, 그들 뒤로는 십자가가 따라오고 있었다. 두 사람의 머리는 하늘까지 닿아 있었지만, 한 사람의 머리는 하늘을 더 지나가는 존재들의 손에 의해 인도되고 있었다. 하늘에서 음성이 들려왔다. "너는 잠들어 있는 자들(죽은 자들)에게 선포했는가?" 그러자 십자가로부터 "예"라는 순종의 대답이 들렸다.[1]

---

1   http://www.earlychristianwritings.com/gospelpeter.html.

천사인지 누군지 알 수 없는 두 명으로부터 부축을 받아 힘들게 무덤에서 나오는 부활 예수가 등장하는, 이런 내용을 진지하게 고려할 기독교인은 거의 없을 것이다. 지금부터 기독교가 '성경'으로 인정하는 기록 안에서 예수 부활에 관한 증거를 찾아보도록 하자.

교회에서는 부활절이면 어김없이 '부활 설교'를 한다. 어릴 때부터 수없이 많은 부활 설교를 들었던 내게 특히 인상 깊게 남은 설교가 하나 있는데, 대학교 때 들었던 '부활의 증거'라는 설교였다. 주보에서 설교 제목을 보는 순간, 당시 근본주의자답게 부활에 대해서 증거를 따지는 것 자체가 불신앙이고 믿음 없는 짓(?)이라는 생각이 들었다. 믿음이 무엇인가?

믿음은 바라는 것들의 확신이요, 보이지 않는 것들의 증거입니다.

(히브리서 11:1)

간단히 말해서, 보이지 않고 아무런 근거가 없어도 마음에 확신만 들면 그게 충분한 증거라고 주장한다. 나는 당시 이런 히브리서의 주장을 진리로 생각했다. 특히 부활과 관련한 믿음이 어떠해야 하는지는 예수가 직접 알려주지 않았던가? 부활한 예수를 눈앞에서 보면서도 증거를 보여 달라는, 믿음 없는 제자 도마에게 말이다.

예수께서 도마에게 말씀하셨다. "너는 나를 보았기 때문에 믿느냐? 나를 보지 않고도 믿는 사람은 복이 있다."

(요한복음 20:29)

당시에 나는 정말로 보지 않고도 믿는 사람이었다. 증거 같은 것은 애초에 필요 없었다. 다른 건 몰라도, 정말 부활에 관해서만은 증거를 찾는 행위가 내게는 불신앙이나 불순종으로밖에 보이지 않았다. 무엇보다 도마와 같은 사람이 되고 싶지 않았다. 부활의 증거를 보여 달라고 떼를 쓰는, 그런 믿음 없는 사람이 되고 싶지 않았다.

'아니, 그런데 왜 목사님은 이런 설교를 하는 거지? 믿음이란 게 애초에 증거가 필요 없지만, **증거가 확실해서 믿는 게 그게 무슨 믿음이야?** 그런 믿음이 무슨 가치가 있어? 하나님이 보실 때에, 그건 잘해야 부끄러운 믿음밖에 더 되겠어?'

그날 설교를 담당했던 목사는 성경 본문에 따라서 부활의 증거를 조목조목 들었다. 설교 시간 내내 내 마음은 '목사님, 그런 거 몰라도 저는 믿는다니까요~'라고 외쳤지만, 그가 열거한 증거 중 하나가 내 마음을 사로잡았다.

"여러분, 생각해보십시오. 만약에 예수님이 부활하시지도 않았는데도, 후대에 누가 지어서 만든 이야기가 부활 사건이라면, 그래서 부활 사건이 거짓말이라면 좀 더 그럴듯하게 만들었어야 하지 않겠습니까? 누가 봐도 다 알도록 뻔한 거짓말을 하는, 그런 멍청한 사람이 어디 있습니까? 바로 여기에 부활 사건이 역사적 진실이라는 증거가 숨어 있습니다. 예수님의 부활을 가장 먼저 목격한 사람들이 누구입니까? 다들 잘 아시죠? 네, 맞습니다. 여자입니다. 여자들입니다. 여기에 얼마나 놀라운 비밀이 숨어 있는지 아십니까? 당시 여자는 사람대접을 별로 못 받았습니다. 유대 역사가인 요세푸스에 의하면, 인구수를 셀 때도 여자는 숫자에 들어가지 않았을뿐더러 법정에서 증언해도 효력이 없었습니다.[2] 그게 여자였습니다. 그런데 바로 그런 여자가 예수님의 부활을 가장 먼저 보았다고 성경이 말합니다. 부활이 진실이라는 증거 아닙니까? 거짓말을 할 거였다면 누가 봐도 신뢰가 가는 사람이 부활을 가장 먼저 목격했다고 했어야 하는 거 아니겠습니까?"

나는 나도 모르게 고개를 끄덕였다. 절로 납득되는 실로 명쾌한 논리였기 때문이었다.

'맞아, 부활이 거짓말이면 여자들을 등장시킬 리 없지. 유명한 사람 그러니까 뭐, 니고데모나 아니면 예수님께 무덤을 제공한 아리마대 요셉 정도가 목격했다고 해야 그럴듯하지 않겠어? 그런데 여자라고? 세상에 역시 성경은 하나님의 말씀이야.'

나중에 공부하면서 당시 목사가 설교에서 언급했던 부활의 증거, 그러니까 여자들이 가장 먼저 부활을 목격했다는 사실을 학계에서는 '굴욕 검증criteria of embarrassment'이라고 부르는 것을 알았다. 쉽게 설명하면, 주인공에게 득이 될 게 없는, 아니 해가 될 수도 있는 사실을 뻔히 알면서도 저자가 썼다는 것은 그게 사실이기 때문에, 도저히 뺄 수 없었기 때문이라는 주장이다. 그래서 과거의 기록을 검토할 때, 역사적 사실 여부를 판단하는 중요한 기준 중 하나가 바로 굴욕 검증이라는 것이다.[3] 내가 오래전 설교에서 들었던 부활의 증거, 첫 목격자가 여자라는 사실, '굴욕 검증'을 통과하기 때문에 부활이 진짜라는 주장은 지금도 여전히 강력한 부활의 증거로 쓰인다. 부활의 증거를 이야기할 때, 이것을 빼먹는 변증학자가 단 한

---

2   여자의 지위는 높지 않았다. 그리스 로마 시대에 여자의 증언은 아예 인정되지 않았고, 유대에서는 남자 1명의 증언과 맞먹으려면 여자 2명의 증언이 필요했다(https://crossexamined.org/10-reasons-accept-resurrection-jesus-historical-fact).

사람도 없을 정도니까.

21세기 현재 세계에서 가장 저명한 변증학자 딱 한 명만 들라면, 아마도 적지 않은 사람이 앞에서도 잠시 언급했던 크레이그를 첫손가락에 꼽을 것이다. 노령의 나이에도 열정적으로 연구하고, 무엇보다 유튜브 시대에 맞게 무신론자와 격한 토론도 조금도 마다하지 않는, 말 그대로 기독교 변증 최전선에서 싸우는 학자다. 그는 최근에 출연한 한 기독교 프로그램에서 부활이 역사적 사실이라고 주장하면서, 아니나 다를까 이 '굴욕 검증'을 언급했다.[4] 예수의 부활을 목격한 사람이 여자라는 사실이 얼마나 중요한지 강조하는 그의 열변을 들으면서, 나는 아주 오래전 부활절 예배 시간으로 돌아가는 느낌을 받을 정도였다. 그러면서 그는 '굴욕 검증'과 관련해서 한 가지 사례를 더 언급했는데, 그건 나로서도 처음 듣는 이야기였다.

"이런 굴욕 검증의 관점에서 볼 때 우리는 예수가 분명히 죽어서 장사

---

3   복음서에는 이런 내용이 적지 않다. 예수를 실존하지 않았다고 생각하는 학자들마저도 고개를 갸우뚱거리게 하는 내용으로, 복음서 저자가 왜 굳이 이런 내용을 넣었을까 하는 의문을 품게 하는 내용이 이곳저곳에 널려 있다. "아니, 굳이 예수가 인간에 불과한 세례자 요한에게 왜 세례를 받지? 세례는 죄인이 죄 용서를 받으려고 받는 건데 말이야. 예수가 죄인이라는 소리야?", "아니, 곧 부활할 예수가 왜 죽음을 두려워하는 사람처럼 겟세마네에서 이런 기도를 하지? 애초에 십자가를 지려고 이 세상에 온 거 아니야? 그런데 갑자기 이 잔을 마시지 않고 싶다고 하면 어쩌자는 거야?", "아니, 왜 예수가 이렇게 모르는 게 많지? 세상 종말의 시점은 아들도 모르고 아버지만 아신다고? 아니, 예수와 하나님은 하나 아니야? 삼위일체는 어디 간 거야?", "아니, 예수는 왜 곧 세상이 끝날 것처럼 예언하는 건지? 예수가 죽고도 지금 2,000년이 넘게 지났는데도 세상은 멀쩡하잖아? 도대체 예수는 무슨 생각으로 이런 예언을 한 거지?", "아니, 예수는 왜 십자가에서 하나님께 나를 버리시냐며 절규를 하는 거지? 곧 살아날 건데? 아니, 버리다니, 애초에 예수가 원해서, 자기가 원해서 인간이 되어 십자가를 진 것 아니야?" 이런 의문이 드는 본문은 복음서 안에 한두 개가 아니다. '굴욕 검증'이라는 잣대 하나만 적용한다면, 이런 내용이야말로 역사적 사실일 가능성이 높다는 것이다. 저자들이 쓰고 싶지 않았을 텐데도 어쩔 수 없이 썼기 때문이다. 예수가 죽은 후 당시 구전으로 전해진 그에 관한 사실 중에서도 특히 유명했기에 도저히 뺄 수 없었던 이야기들. 대신 복음서 저자들은 엄청난 각색을 했다.

4   https://www.youtube.com/watch?v=xUKW2Bm5P2k.

되었다는 것도 역사적 사실로 확인할 수 있습니다. 예수를 장사 지낸 사람이 누굽니까? 예수의 정적인, 산헤드린 멤버인 아리마대 요셉이었어요. 예수의 제자와 가족이 아닌 정적이 장사를 치렀어요. 이거 얼마나 굴욕적인 이야기입니까? 얼마나 부끄러운 이야기입니까? 그러니 예수의 죽음과 장사가 역사적 진실이라고밖에 말할 수가 없지요."[5]

만약에 내가 대학교 때 크레이그의 이 말을 들었다면, 또 한 번 무릎을 쳤을 것이다. 그러나 '굴욕 검증'은 잘해야 정황 증거일 뿐, 법정에서 정식 증거로 채택되기는 어렵다. 예를 들어, 아주 보안이 철저한 집에서 보석을 훔친 사람이 잡혀서 재판을 받는 경우를 생각해보자. 만약에 피의자가 내세우는 무죄 이유가 이것뿐이라면?

"생각해보세요. 보안이 허술한 집이 정말로 많아요. 내가 털려면 그런 집을 털지 왜 보안이 가장 철저한 그런 집을 털겠어요? 그게 말이 돼요? 바보가 아닌 이상 내가 그런 집을 털었다는 건 도무지 말이 안 되잖아요?"

그가 무죄를 받을 확률은 거의 없다. 다행스럽게도 '굴욕 검증' 통과가 부활의 역사성을 증명하는 근거의 전부가 아니다. 변증학자에 따라서는 무려 수십 가지의 증거를 제시하기도 한다. 부활 논증 중에서 가장 유명한 것은 게리 하버마스Gary Habermas[6]가 널리 알린, 이른바 '부활에 관한 최소한의 팩트minimal facts concerning the resurrection' 이론[7]이다. 크레이그를 비롯해서 변

---

5   아리마대 요셉이 예수의 장례를 치른 게 과연 굴욕일까? 이 점은 잠시 후에 다시 살펴보도록 하자.

6   1950년 미국 미시간주에서 태어난 게리 하버마스Gary Robert Habermas는 미국의 복음주의 기독교 변증론자이자 역사가, 종교 철학자다. 예수의 부활을 주제로 많은 글을 쓰고 강의하며 토론하는 사람이다. 그는 버지니아주 린치버그의 리버티대학교의 철학, 신학 부서의 의장이자 철학, 변증학 교수다. 그는 1976년에 역사학을 전공하여 미시간주립대학교에서 박사 학위를 받았으며 1973년에 철학 신학으로 디트로이트대학교에서 석사 학위를 받았다.(출처: 위키피디아) 게리 하버마스는 크레이그와 더불어서 리 스트로벨의 책과 영화,『예수는 역사다』의 주요 등장인물이기도 하다.

증학자가 펼치는 논증 방법 10개 중 9개가 결국은 다 이 이론으로 귀결된다고 해도 과언이 아니다. '최소한의 팩트 이론'을 간단하게 설명하면 다음과 같다. 병원에 온 환자가 다음 세 가지 증상을 동시에 가지고 있다고 가정해보자.

열/아랫배통증/토함.

이 세 가지 증상 하나하나는 하버마스가 말하는 '최소한의 팩트'다. 자, 그럼 이 최소한의 팩트를 가장 잘 충족하는 설명은 무엇일까? 감기? 감기 경우에 아랫배통증이 있는 경우는 드물다. 물론 불가능하지는 않지만. 감기에 걸린 날, 음식을 잘못 먹고 식중독에 걸렸을 수 있으니까. 하지만 감기가 가장 좋은 설명, 또는 진단이 아닌 것은 확실하다. 그럼 가장 가능성이 높은 설명은 무엇일까? 의사라면 10명 중 9명이 '장염'을 들 것이다. 그러니까 하버마스에 따르면 누구나 인정하는 최소한의 팩트를 가장 잘 설명하는 게 답이라는 것이다. 마치 열/아랫배통증/토함을 가장 잘 설명하는 게 장염인 것처럼, 예수의 죽음을 둘러싸고 확인된 몇 가지 팩트를 가장 잘 설명하는 게 '부활'이라는 것이다. 물론 변증학자마다 꼽는 '최소한의 팩트' 내용이 다 조금씩 다르다. 그럼 크레이그가 꼽는 '최소한의 팩트'는 무엇일까? 그에 따르면, 거의 모든 성경(역사)학자가 인정하는 팩트는 다음과 같다고 한다.[8]

---

7   게리 하버마스가 꼽는 최소한의 팩트는 다음과 같다. 1. 예수는 십자가형으로 죽었다. 2. 예수의 제자들이 예수가 죽음에서 살아나서 자기들 앞에 나타났다는 사실을 믿었다. 3. 교회를 핍박하던 바울이 갑자기 바뀌었다. 4. 회의론자인 예수의 동생, 야고보가 갑자기 바뀌었다. 5. 무덤이 비었다.
8   또 한 명의 유명한 부활 전도사 마이클 리코나가 주장하는 최소한의 팩트는 다음 세 가지다. 1. 예수는 십자가에서 죽었다. 2. 예수가 제자들에게 나타났다. 3. 예수가 바울에게 나타났다.

1. 예수 매장

2. 빈 무덤

3. 다양한 사람들에게 출현함

4. 제자들의 변화

팩트는 다른 말로 하면, 사실 또는 역사라는 것이다. 부활이 과연 이 네 가지 팩트를 가장 잘 설명하는지 여부는 잠시 미루도록 하자. 그전에 확인해야 할 게 있다. 지금부터 크레이그가 주장하는 이 네 가지에 과연 '팩트'라는 단어를 붙일 수 있는지, 그 점부터 살펴보도록 하자.

아리마대 요셉이 죽은 예수를 묻었다는 이야기는 무려 5개나 되는 독립된 소스에 나온다. 이건 그 현장을 눈으로 직접 목격한 사람들의 증언이라는 것이다. 바울은 말할 것도 없고 신약성경에 못 들어간 베드로 복음서에도 나온다. 게다가 예수를 묻은 아리마대 요셉은 산헤드린 소속이다. 그 사실은 굴욕 검증을 통과한다. 그렇기에 아리마대 요셉이 예수를 묻었다는 사실은 많은 사람에 의해 최고의 증거로 꼽힌다.

– 윌리엄 크레이그[9]

크레이그가 첫 번째 팩트로 꼽는, '예수가 매장되었다'가 중요한 이유는 그 중심에 아리마대 요셉이라는 인물이 있기 때문이다. 아리마대 요셉이라는 실명까지 거명하면서 기록된 사실이기에 예수 매장이 역사라는 것이다. 게다가 기독교의 입장에서 아리마대 요셉이 예수를 묻었다는 사실은 조금도 자랑거리가 아닌, 굴욕이라는 주장이다. 크레이그는 다음과

---

9   https://www.youtube.com/watch?v=vRTUrvTTRAQ&t=3050s.

같이 설명한다.

예수를 정죄한 유대 법정의 인물 중 한 명인 아리마대 요셉 이야기를 후대 기독교인이 창작했을 리 없다. 당시 예수를 정죄한 유대교 지도자에 대한 강한 반감이 있었다.(데살로니가전서 2:15) 따라서 예수를 정죄한 사람이 예수를 범죄자들을 묻는 공동묘지에 던지는 대신, 그에게 제대로 된 장례를 치르도록 하는 이야기가 후대 기독교인에 의해 만들어졌을 가능성은 거의 없다.[10]

예수 매장 장면에 처음 등장하는 이 아리마대 요셉이라는 인물은 상당히 곤혹스럽다. 그와 관련한 이야기가 여러 측면에서 말이 안 되기 때문이다. 가장 먼저 아리마대 요셉을 등장시킨 마가복음 저자는 비록 '하나

---

10 https://www.reasonablefaith.org/writings/popular-writings/jesus-of-nazareth/the-resurrection-of-jesus/. 그런데 과연 아리마대 요셉이 예수를 묻은 게 '굴욕'일까? 아리마대 요셉이 예수를 장사 지낸 게 굴욕일까? 이 질문에 대답하기 전에, 우리는 한 가지 사실을 기억할 필요가 있다. 신약성경 저자들, 특히 복음서 저자들의 집필 목적 중 하나가 유대인을 이 세상에 존재하는 가장 사악하고 치졸한 인간으로 그리는 것이라는 사실을 말이다. 복음서를 보면 예수의 제자들은 3년 동안 배워도 아무것도 깨닫지 못하는 사람들, 비겁하게 예수를 배신하는 수제자 베드로, 부활한 예수를 보고도 믿지 않는 의심 많은 도마 등. 그들은 이방인인 로마인도 바로 알아채는 진리를 보지 못하는 맹인들이다. 그건 예수의 가족도 예외가 아닌데, 예수를 미쳤다고 하면서 잡으러 다닌 사람들이 다름 아닌 예수의 가족이었다. 복음서 저자들이 특히 사악하게 그린 예수 고향 마을 사람들과 바리새인에 대해서는 굳이 설명할 필요도 없다. 한마디로 예수를 죽이지 못해 안달이 난 사람들이 바로 그들이었으니까. 그런데 갑자기 예수의 가족과 제자들, 고향 마을 사람들이 나타나서 예수를 장사 지낸다고? 애초에 말이 되지 않는 설정이 아니었을까? 반역죄로 처형당하는 사형수의 경우 측근이 아니라 그를 처형한 주체가 장사 지내는 게 오히려 더 자연스럽지 않을까? 달리 말해서, 예수의 정적이라고 할 수 있는 아리마대 요셉이 예수를 장사 지내는 것은 자연스러운 정도가 아니라, 어찌 보면 당연하다. 만약에 아리마대 요셉이 산헤드린 공회원이 아니었다면, 과연 누가 반역죄로 처형당한 예수를 장사 지낼 수 있었을까 하는 의문이 들 정도다. 게다가 아리마대 요셉이 예수를 장사 지냈다는 사실은 오히려 예수를 더 미화할 수 있다. 적에게도 존경받는 사람, 아니 이게 굴욕일까? 이게 예수에게 정말로 굴욕적인 걸까? 나는 크레이그가 하나는 알고 둘은 모른다고 생각한다.

역사 속 부활의 흔적

95

님의 나라를 기다리는 사람'이라고 그를 묘사했지만, 동시에 그가 예수 재판에 참여한 공회원이라고 분명하게 말한다.

그(아리마대 요셉)는 명망 있는 **의회 의원**이고, 하나님의 나라를 기다리는 사람인데.

(마가복음 15:43)

그 공회가 어떤 공회인가? 아리마대 요셉을 포함해 단 한 명도 예외 없이 예수에게 유죄를 내린 사람들이다.

"여러분은 이제 하나님을 모독하는 말을 들었소. 여러분의 생각은 어떠하오?" 그러자 **그들**(공회원)**은 모두,** 예수는 사형을 받아야 마땅하다고 정죄하였다.

(마가복음 14:64)

그런데 예수 사형에 찬성했던 그가 갑자기 빌라도를 찾아가서 예수의 시체를 요구한다고? '대담하게'[11]라는 부사를 삽입한 것을 보면, 마가복음 저자도 그런 상황이 자연스럽지 않다고 생각했던 게 틀림없다.

이 사람이 대담하게 빌라도에게 가서, 예수의 시신을 내어 달라고 청하였다.

이 상황을 한번 합리적이고 상식적인 차원에서 생각해보자. 아리마대

---

11   번역본에 따라서는 '당돌히'라고도 표현했다.

요셉은 단지 예수의 시체만 요구한 게 아니라, 시신을 자신의 가족묘에 안장했다. 그런데 이게 과연 말이 될까? 안중근 의사에게 사형을 언도한 일본인 재판관이 안 의사의 시신을 자기 가족 묘지에 안장하는 게? 이런 의문을 가진 건 나만이 아닌 것 같다. 마가복음 내용을 본 후대의 복음서 저자들도 같은 생각을 했는지, 그들은 결국 아리마대 요셉을 극적으로 비약했다. 마가복음 다음에 쓰인 마태복음 저자는 아리마대 요셉을 아예 예수의 제자로 만들어버렸다. 자기네 가족묘에 예수를 안장하려면 그 정도의 관계는 되어야 한다고 생각했을 것이다.

날이 저물었을 때에, 아리마대 출신으로 요셉이라고 하는 한 부자가 왔다. **그도 역시 예수의 제자이다.** 이 사람이 빌라도에게 가서, 예수의 시신을 내어 달라고 청하니, 빌라도가 내어 주라고 명령하였다.

(마태복음 27:57-58)

이 구절이 사실이 되는 경우 한두 가지 문제가 생기는 게 아니다. 그렇다면 빌라도는 아리마대 요셉이 예수의 제자라는 사실을 알았을까? 설마, 그걸 알면서도 순순히 시신을 내어줬다고? 그러면 다른 공회원 사람들은 어땠을까? 자기네 속에 예수의 제자가 섞여 있다는 것을 알았을까? 그런데도 함께 예수의 처형을 의논했다고? 더 황당한 건, 마가복음에 따르면 아리마대 요셉도 예수의 처형에 찬성한 사람인데, 제자가 스승의 처형에 찬성표를 던졌다고?

마태복음 다음에 쓰인 누가복음 저자는 아마도 바로 이 점에서 모순을 느낀 것 같다. 그래서 그는 아리마대 요셉이 예수에게 유죄를 선고했다는 마가복음을 아예 정면으로 부정했다. 이 정도면 거의 갈 데까지 가보자는 심산이다. 마가복음은 참석한 산헤드린 회원 모두가 다 예수를 정죄했다고 분명하게 말하는데, 누가복음에 따르면 아리마대 요셉은 아니라는 것이다. 한마디로 성경이 성경을 부정하는 셈이다.[12]

> 요셉이라는 사람이 있었는데, 그는 공의회 의원이고, 착하고 의로운 사람이었다. **이 사람은 의회의 결정과 처사에 찬성하지 않았다.** 그는 유대 사람의 고을 아리마대 출신으로, 하나님의 나라를 기다리는 사람이었다. 이 사람이 빌라도에게 가서, 예수의 시신을 내어 달라고 청하였다.
>
> (누가복음 23:50-52)

그런데 이건 상황을 더 심각하게 만든다. 어설픈 해결은 언제나 더 큰 문제를 야기하니까. 다시 정리해보자. 누가복음에 따르면 아리마대 요셉은 산헤드린뿐 아니라 로마 제국 즉, 빌라도의 결정에 반대한 사람인데, 빌라도가 그런 그에게 예수의 시체를, 반역자의 시체를 내어준다고? 아니, 이게 도대체 말이 되는 이야기일까?[13]

만장일치로 판결이 났던 안중근 의사의 사형을 한번 생각해보자. 만약

---

12 왜 이런 식의 상호 모순이 신약성경 안에서 수도 없이 나올까? 우리는 이미 그 답을 안다. 저자들은 자기들이 쓰는 글이 나중에 '성경'이 될지도 몰랐고, 무엇보다 다른 책들, 그중에서도 개정판을 쓰고 싶을 정도로 문제가 심각한 앞서 나온 책들과 하나가 되어 묶일 줄은 상상도 못 했기 때문이다.

13 아마도 이 부분에서 이렇게 말하고 싶은 사람들이 있을지 모르겠다. "성경을 보면 빌라도는 예수님에게 대단히 호의적인 사람이었습니다. 예수님을 살리려고 애쓴 사람이에요. 그 점을 고려하면 당신이 제기하는 문제는 억지에 가깝습니다." 빌라도에 대해서는 뒤에서 좀 더 자세히 다룰 것이다. 이렇게 생각하는 독자도 조금만 더 참고 글을 읽어주길 바란다.

에 당시 반대 의견을 낸 판사가 한 명 있었다면? 그리고 그가 안 의사의 시신을 내어달라고 요구한다면 어떤 일이 생겼을까? 당국이 소수 의견을 낸 그 판사에게 순순히 안 의사의 시신을 내어줬을까? 누가복음이 그리는 상황은 이처럼 실로 억지스럽기 그지없다.

그런데 요한복음에 가면 상황은 더 황당해진다. 아마도 요한복음 저자는 마가복음의 내용을 아예 정면으로 부정한 누가복음이 못마땅했나 보다. 그래서 저자는 애초 마가복음의 진술, 그러니까 아리마대 요셉이 예수의 처형에 찬성했음을 아주 현실적인 이유를 추가해서 암시한다.

> 그는 예수의 제자인데, 유대 사람이 무서워서, 그것을 숨기고 있었다.
> (요한복음 19:38)

누가복음보다 훨씬 더 현실성이 있다. 그런데 문제는 다음이다. 자기 민족인 유대 사람도 무서워하던 아리마대 요셉이 예수가 죽자 갑자기 어디서 용기를 얻었는지, 숨겨왔던 정체를 드러냈단다. 그것도 다른 사람이 아닌 로마 제국의 빌라도에게 가서 예수의 시체를 요구했다는 것이다. 그리고 예수의 제자라는 정체를 드러낸 아리마대 요셉에게 빌라도는 또 기꺼이 시체를 내어준다고? 이거야 원….

> 그 뒤에 아리마대 사람 요셉이 예수의 시신을 거두게 하여 달라고 빌라도에게 청하였다. 그는 예수의 제자인데, 유대 사람이 무서워서, 그것을 숨기고 있었다. 빌라도가 허락하니, 그는 가서 예수의 시신을 내렸다.
> (요한복음 19:38)

게다가 기독교인에게 아주 익숙한 착한 바리새인, 니고데모가 뜬금없이 예수 매장 장면에 등장한다.

> 또 전에 예수를 밤중에 찾아갔던 니고데모도 몰약에 침향을 섞은 것을 백 근쯤 가지고 왔다.
>
> (요한복음 19:39)

대제사장의 집 뜰에서 진행한 예수 재판에는 오로지 사두개파만 있고 바리새인은 단 한 명도 등장하지 않는다. 그런데 갑자기 바리새인 니고데모가 바람처럼 매장 장면에 나타났다. 무려 100근이나 되는 몰약과 침향을 가지고. 이유는 자명하다. 니고데모는 유일하게 요한복음에만 나오는 인물이다. 다시 말해서, 요한복음 저자가 특히 아끼는 인물이 바로 니고데모다. 저자라면 누구나 아끼는 인물을 가장 중요한 장면에 넣고 싶어 한다. 이처럼 아리마대 요셉에 대한 복음서의 모순 또는 비약을 살펴보면, 애초에 마가복음 저자가 등장시킨 이 아리마대 요셉이라는 인물이 비록 예수의 세례[14]만큼은 아니지만, 후대 복음서 저자들에게 상당히 곤란한 존재였던 것은 분명해 보인다. 그런데 이게 다가 아니다. 예수의 매장과 관련한 또 하나의 합리적인 의심이 있다. 어쩌면 아리마대 요셉보다 더 중요한 문제이다.

"과연 로마가 예수의 매장을 허락했을까?"

---

[14] 이건 복음서 저자들에게 정말로 머리 아픈 문제였다. 그들이 그 문제를 어떻게 해결했는지에 관한 자세한 내용은 옥성호, 『야고보를 찾아서』 5장 '세례요한'을 참조하라.

크레이그가 두 번째 팩트라고 주장하는 '빈 무덤'에서 다시 언급하겠지만, 이 문제는 부활의 뇌관을 건드리는 질문일 수도 있다. 과연 로마가 사람들이 어딘지 뻔히 아는 곳에 예수를 매장하도록 허락했을까? 게다가 예수가 누구인가? 스스로 부활하겠다고 예언한 사람이 아닌가? 그런 인물의 시신을 누구나 아는 곳에 묻도록 로마가 허락했다고? 행여 예수가 부활했다는 소문이라도 돌면, 그 장소는 일종의 '성지'가 될 것은 불을 보듯이 뻔한데도?

이 지점에서 우리는 예수가 왜 죽었는지 기억할 필요가 있다.

예수는 결코 종교적 이유로 죽은 게 아니다.

"'유대인의 왕'이라는 이유로, 정치적 이유로 죽었다."

일제 강점기 시절에 누가 자신을 '조선의 왕'이라고 주장하며 사람들을 선동한다고 생각해보자. 그에게 과연 무슨 일이 생길까?

> 그런 다음에 그들은 예수께 (왕을 상징하는) **자색 옷**을 입히고, **가시관**을 엮어서 머리에 씌운 뒤에, "**유대인의 왕** 만세!" 하면서, 저마다 인사하였다. ……
> 그의 죄패에는 '**유대인의 왕**'이라고 적혀 있었다.
>
> (마가복음 15:17-18, 26)

왕이 있다는 것은 '독립국'이라는 뜻이다. 그랬기 때문에 예수는 십자가형, 오로지 반역자에게만 주어지는 가장 잔인한 방식으로 처형되었다. 그런데도 로마가 순순히 예수의 매장을 허락했을까? 시신을 고국에 묻어달라는 안 의사의 유언에도 불구하고, 일본이 안중근 의사의 시신을 어떻게 처리했는지를 보면, 우리는 로마가 예수의 시신을 어떻게 처리했을지 가장 합리적인 추론에 이를 수 있다.

1910년 3월 26일, 안중근 의사는 오전 9시에 뤼순감옥 사형장으로 끌려가 한 시간 뒤인 오전 10시에 순국했다. 일본은 안중근 의사의 유해가 묻힌 곳이 민중들에게 공개되면 그곳이 **항일운동의 성지가 될 것을 우려해** 안중근 의사의 유해가 묻힌 곳을 끝까지 비밀에 부쳤다. 지금까지 유해가 묻힌 정확한 위치를 알 수 없는 이유다.[15]

알려지지 않은 작은 나라 독립운동가의 시신도 그럴진대, 자신을 '왕'이라고 주장한 사람의 시신을 로마가 그렇게 경솔하게 처리했을까? 아니, 애초에 십자가형 안에는 '시신 처리 방식'이 내재되어 있다. 십자가형으로 죽은 사형수의 경우 시신 처리를 고민할 필요가 없다는 것이다.

도대체 무엇이 십자가형을 그토록 끔찍하게 만들었는가? 로마의 극형 세 가지는 십자가와 화형과 야수(사자의 먹이가 되는 것)였다. 이것들을 최악의 것이 되게 한 것은 그 비인간적인 잔인성이나 공개적인 명예 실추 때문만이 아니라, 이런 처형의 마지막에는 **아무것도 남지 않아 매장할 것이 없게 된다는 점 때문**이기도 하다. …… 십자가형에 대하여 우리가 흔히 잊어버리는 것은 이미 죽은 자나 죽어가는 자들의 위에서 울어대고 밑에서 짖어대는, 썩은 고기를 먹는 까마귀와 개의 존재다. …… 우리가 이 한 세기 동안 예루살렘 근처에서 십자가에 처형된 수천 명의 사람 중에서 오직 한 구의 유골만을 발견

15   김홍식 엮음, 『안중근 재판정 참관기』(서해문집, 2015), 173쪽.

했다는 사실은 결코 놀라운 일이 아니다.[16]

따라서 우리가 앞서 다룬 아리마대 요셉 이야기, 시신을 요구했다는 그 이야기는 아예 허구일 가능성이 높다. 그런데 예수 시신과 관련해서 마태복음 저자는 상당히 뜬금없는 이야기를 한다. 빌라도가 예수의 부활을 걱정했다는 것이다.

이튿날 곧 예비일 다음 날에, 대제사장들과 바리새파 사람들이 빌라도에게 몰려가서 말하였다. "각하, 세상을 미혹하던 그 사람이 살아 있을 때에 사흘 뒤에 자기가 살아날 것이라고 말한 것을, 우리가 기억하고 있습니다. 그러니 사흘째 되는 날까지는, 무덤을 단단히 지키라고 명령해 주십시오. 혹시 그의 제자들이 와서, 시체를 훔쳐 가고서는, 백성에게는 '그가 죽은 사람들 가운데서 살아났다' 하고 말할지도 모릅니다. 그렇게 되면, 이번 속임수는 처음 것보다 더 나쁜 영향을 미칠 것입니다." 빌라도가 그들에게 말하였다. "경비병을 내줄 터이니, 물러가서 재주껏 지키시오." 그들은 물러가서 그 돌을 봉인하고, 경비병을 두어서 무덤을 단단히 지켰다.

(마태복음 27:62-66)

아리마대 요셉이 예수의 시신을 인도받아 매장했다고 하자. 얼마 후 본디오 빌라도가 처음으로 예수의 부활 이야기를 듣게 되었다면? 그리고 그 소문을 심각하게 받아들였다면, 어떻게 했을까? 남아 있는 시신이라도

---

16   존 도미닉 크로산, 앞의 책, 204~205쪽.

화장하지 않았을까? 그런데 고작 한다는 게, 무덤 앞에 군인 몇 명 데려다 놓고 지킨다고? 세상에 무슨 이렇게 착한, 아니, 멍청한 사람들이….

이런 합리적 의문을 살펴볼 때, 예수 매장이 크레이그의 말대로 팩트, 역사가 되려면 최소한 다음 몇 가지 전제 조건이 성립되어야만 한다.

1. 산헤드린 회원이며 사두개파인 아리마대 요셉이 사실은 예수 추종자였다.
2. 아리마대 요셉은 본디오 빌라도에게 반역자의 시신을 달라고 요구할 정도로 그와 각별한 사이거나 아니면 생명을 내걸고 그런 요구를 할 정도로 대담하다.
3. 아리마대 요셉은 반역죄로 죽은 예수를 가족묘에 매장할 정도로 심지가 굳은 사람이다. 가족묘에 반역자를 묻으려면 아마도 아리마대 요셉의 가족 모두가 다 예수의 추종자였을 것이다.
4. 아리마대 요셉은 그날 십자가에서 처형된 예수를 포함한 3명 중에서 나머지 2명은 다른 곳에 처리하고 오로지 예수의 시신만 수습했다.
5. 로마는 반역죄로 죽은, 스스로 유대의 왕이라고 부른 인물의 시신을 내어주면서 사후에 발생할지도 모를 사고에 대해서 별 관심이 없었다.

'예수 매장'이 팩트가 되려면, 달리 말해서 역사적 사실이 되려면 이처럼 적지 않은 전제가 필요하다. 이 모든 전제가 다 성립할 가능성은 과연 얼마나 될까? 그렇기에 크레이그를 비롯한 기독교 변증학자가 '팩트'라고 부르는 예수 매장을 액면 그대로 받아들이기는 결코 쉬운 일이 아니다.

빈 무덤

02

예수의 빈 무덤 이야기는 마가복음에서부터 시작한다. 물론 바울이 명시적으로 '빈 무덤'이라는 말을 쓰지는 않지만 그도 '부활장'에서 그 사실을 은연중에 암시하고 있다. 게다가 빈 무덤을 발견한 사람들이 남자가 아니라 여자라는 사실은 매우 중요하다. 아리마대 요셉과 마찬가지로 굴욕 검증을 통과하기 때문이다.[17]

　　　　　　　　　　　　　　　　　　　　　　　　　　－ 윌리엄 크레이그

크레이그가 두 번째 팩트로 주장하는 '빈 무덤'은 막 살펴본 아리마대 요셉의 '예수 매장'을 전제로 한다. 매장이 되지 않았다면, 무덤이 비고 안 비고는 애초에 논의 대상이 아니니까. 아리마대 요셉의 예수 매장을 역사적 사실로 전제하는 많은 변증학자에게 빈 무덤이 특히 중요한 이유는, 가장 먼저 쓰인 마가복음이 빈 무덤으로 끝나기 때문이다.[18] 달리 말하면,

---

17　https://www.youtube.com/watch?v=vRTUrvTTRAQ&t=3050s.
18　크레이그는 '빈 무덤'은 마가복음 전에 널리 알려진 이야기였다고 주장한다. 그러니까 이른바 마가 전 이야기pre-Markan story라는 것이다.

역사 속 부활의 흔적

크레이그 같은 지극히 보수적인 학자도 마가복음이 16장 8절, 그러니까 빈 무덤에서 끝나는 것을 인정한다. 그러니까 그 뒤 이야기는 후대에 누군가가 조악하게 덧붙인 것이라고 100% 받아들인다.[19] 바로 여기에, 그러니까 마가복음의 엔딩이라는 데 '빈 무덤'의 가치가 있다. 바울의 부활장 이후, 최초의 부활 이야기라는 상징성이 '빈 무덤'으로 압축되기 때문이다. 마가복음의 마지막 내용은 무덤을 찾은 여자들에게 내린 청년(천사)의 명령을 담고 있다.

"예수가 갈릴리로 이미 가셨으니 베드로와 제자들에게 거기서 예수를 만날 준비를 하라고 알려주어라."

그리고 그 명령을 들은 여자들의 반응으로 마가복음은 끝난다.

그들은 뛰쳐나와서, 무덤에서 도망하였다. 그들은 벌벌 떨며 넋을 잃었던 것이다. 그들은 무서워서, 아무에게도 아무 말도 못 하였다.

(마가복음 16:8)

그런데 여자들이 '아무에게도 아무 말도 하지 못했다'라는 마지막 구절은 많은 사람을 곤혹스럽게 했다. 당장 이런 질문이 떠오르는 게 당연하다.

"그럼 마가복음 저자는 이 이야기를 누구에게서 들었다는 거지?"

천사가 나중에 저자에게 얘기했다는 걸까? 무엇보다 '빈 무덤'에 대해

---

19 만약 주변에 마가복음이 16장 8절에서 끝나지 않는다고 주장하는 사람이 있다면, 그 사람은 보수 중에서도 가히 극보수에 속한다. 그런데 내가 아는 한, 총신대학교를 포함한 대부분 신학교가 여기에 해당한다.

서 아는 유일한 존재, '여자들'이 침묵했는데, 마가복음 저자는 어디서 이 이야기를 들었다는 걸까?[20] 마가복음에 내용을 추가한 누군가도 어쩌면 이 부분 때문에 '스토리 보완'이라는 과감한 결심(?)을 한 게 아닐까? 그에 의하면 여자들의 침묵은 채 하루도 가지 않은 것 같다.

> 마리아는 예수와 함께 지내던 사람들이 슬퍼하며 울고 있는 곳으로 가서, **그들에게 이 소식을 전하였다.**
>
> (마가복음 16:10)

그러나 이런 내용은 마가복음이 쓰이고 거의 200, 300년이 지나서야 추가되었다. 그리고 마가복음의 이런 이상한 엔딩에 문제를 느낀 다른 복음서 저자들은 여자들의 침묵은 아예 있지도 않았던 것처럼 취급한다. 그러다 보니 다른 복음서 저자들처럼[21] 차마 마가복음 자체를 무시할 수 없는 대부분의 변증학자는 이렇게 결론을 내린다.

"여자들이 죽을 때까지 아무 말도 안 했다는 건 아니잖아? 고작해야, 하루 이틀 정도 침묵하지 않았을까? 워낙 놀라서 말이야. 하지만 기도하

---

20 "아마도 그것은 일시적인 침묵이었을 것입니다. 여인들은 돌아간 후에 일어난 일을 다른 사람들에게 말했을 겁니다." 크레이그는 씩 웃으면서 이렇게 결론을 내렸다. "사실, 여인들의 침묵은 일시적인 침묵이어야만 합니다 그렇지 않다면, 마가는 그 이야기를 기록할 수 없었을 테니까요!"(리 스트로벨, 『예수는 역사다』(두란노, 2000), 287쪽) 아, 그러면 크레이그는 성령의 감동으로 사건 당사자가 없어도 얼마든지 기록이 가능하다는 건 믿지 않는구나. 그러면 요한복음에 나오는, 그 중요하고도 은밀한 '빌라도와 예수 사이의 대화'는 누가 요한에게 전달했을까? 본문을 보면 오로지 두 사람밖에 없었는데, 요한이 나중에 빌라도와 인터뷰했나? 아니면, 부활한 예수가 요한에게만 따로 알려줬나?

21 다시 강조하지만, 복음서 저자들에게 자기가 쓰는 글은 하나님의 영감으로 인한 거룩한 성경이 아니었다. 그러니까 그들에게는 마가복음도 그냥 다른 글에 불과했고, 따라서 마음에 들지 않는 부분을 무시하는 것은 별로 문제가 될 게 없었다.

는 중에 마음을 정리하고 바로 제자들을 찾아가서 얘기했겠지."

사실 '여자들의 침묵 여부'는 별로 중요한 게 아니다. 진짜 질문은 이것이다.

"마가복음 저자는 굳이 왜 여자들이 아무 말도 하지 않았다고 썼을까? 그것도 마지막 문장을 그렇게 쓴 이유가 무엇일까?"

이 질문은 조금 후에 다시 생각하자. 그보다 먼저 '빈 무덤'이 역사적 사실이 되려면, 어떤 전제 조건이 충족되어야 하는지 살펴보자. 크레이그와 같은 변증학자는 '빈 무덤'이 가장 먼저 쓰인 마가복음에 나왔기에 팩트가 되기에 충분하다고 말하지만, 과연 그럴까? 당장 '바울은 왜 이 빈 무덤을 아예 언급조차 하지 않았을까?'라는 의문이 생긴다. 바울은 빈 무덤을 찾은 사람들이 여자라는 사실에도 침묵했다. 빈 무덤에 관한 '바울의 침묵'은 적지 않은 변증학자를 당황하게 하는 심각한 문제다. 결국 여자들에 대해서는 바울이 침묵한 게 맞지만, '예수 매장'을 언급함으로 빈 무덤을 '암시적'으로나마 표현했다는 게 변증학자들이 제시할 수 있는 유일한 주장이다. 바울의 침묵에 관해서도 여기서는 잠시 접고, 빈 무덤이 팩트가 되기 위해 결코 없어서는 안 될 전제 조건 하나를 살펴보자.

"여자들이 예수의 매장 위치를 알고 있어야 한다."

요한복음 저자를 제외한 다른 복음서 저자들은 하나같이 이 점을 확실하게 짚었다. 그들이 생각하기에도 매우 중요한 문제였기 때문이다.

막달라 마리아와 요세의 어머니 마리아는, 어디에 예수의 시신이 안장되는지를 지켜 보고 있었다.

(마가복음 15:47)

거기 무덤 맞은편에는 막달라 마리아와 다른 마리아가 앉아 있었다.

(마태복음 27:61)

누가복음 저자는 특히 이 문제를 심각하게 생각했던 것 같다. 여자들이 매장 위치에 각별히 주의를 기울였다고 썼는데, 저자 역시 반역죄로 처형당한 사람이 묻힌 곳을 사람들이 쉽게 아는 것이 자연스럽지 않다고 생각했기 때문이 아닐까?

갈릴리에서부터 예수를 따라다닌 여자들이 뒤따라가서, 그 무덤을 보고, 또 그의 시신이 어떻게 안장되었는지를 살펴보았다.

(누가복음 23:55)

그러나 여자들이 예수의 매장 위치를 알았다는 것으로 문제가 해결되지는 않는다. 앞에서도 얘기했지만, 반역자 그것도 자신을 왕이라고 부른 사람의 매장 위치를 이렇게 쉽게 노출하는 것은 상식적이지 않기 때문이다. 추종자들이 따라오는데도 가만히 놔뒀다는 것은 도통 납득하기 힘들다. 아리마대 요셉과 빌라도 사이에 이런 대화가 오갔다는 게 말이 될까?
"뭐라고? 예수 시신을 달라고? 어떻게 하려고?"
"묻으려고요."
"어디에?"
"우리 가족묘에요."
"거기가 어딘지 사람들이 다 알고 있지 않아?"
"찾으려면 못 찾을 건 없겠죠, 하지만 그게 뭐가 대수에요?"

예수 추종자들이 매장 과정을 다 지켜보도록 로마 제국이 그냥 손을 놓고 앉아 있었을까? 안중근 의사의 예를 자꾸 들어서 그렇지만, 이토 히로부미의 암살 소식을 듣고 하얼빈으로 온 안 의사의 가족은 재판 과정 중에 단 한 번도 안 의사를 면회하지 못했다. 반역자를 철저하게 통제하고 고립하는 것은 동서고금을 막론하고 지배국이라면 행사했던 필연적인 통치 방법이었다. 로마 제국이라고 달랐을까? 그렇다면 예수 매장뿐 아니라, '빈 무덤'의 핵심 인물이기도 한 아리마대 요셉에 대해서 내릴 수 있는 가장 합리적인 추론은 무엇일까?

제프리 제이 로더[Jeffery Jay Lowder][22]는 윌리엄 크레이그가 제시하는 아리마대 요셉에 관한 응답으로 유대인 고등 법원의 경건한 회원이었던 아리마대 요셉은 단순히 안식일을 지키려는 마음으로 예수를 자신의 무덤에 임시로 묻었다고 주장한다. 일단 안식일이 지나면, 그는 십자가 처형 희생자를 처리하는 관례에 따라서 예수의 시신을 당국에 인계하거나 아니면 공동 묘소로 보냈을 것이다.[23]

빈 무덤의 역사성에 심각한 의구심이 드는 또 하나의 이유는, 제자 두 명이 무덤 속에 들어가서 '비었다는 것'을 확인했다는 요한복음이 구절 때문이다.

---

22 인터넷에서 자연주의적 세계관을 홍보하고 방어하기 위해 헌신하는 국제 연합Internet Infidels, Inc의 공동 설립자이자 전 회장.
23 https://infidels.org/library/modern/jeff_lowder/empty.html.

베드로와 그 다른 제자가 나와서, 무덤으로 갔다. 둘이 함께 뛰었는데, 그 다른 제자가 베드로보다 빨리 달려서, 먼저 무덤에 이르렀다. 그런데 그는 몸을 굽혀서 삼베가 놓여 있는 것을 보았으나, 안으로 들어가지는 않았다. 시몬 베드로도 그를 뒤따라왔다. **그가 무덤 안으로 들어가 보니**, 삼베가 놓여 있었고, 예수의 머리를 싸맸던 수건은, 그 삼베와 함께 놓여 있지 않고, 한 곳에 따로 개켜 있었다. 그제서야 먼저 무덤에 다다른 그 다른 제자도 들어가서, 보고 믿었다.

(요한복음 20:3-8)

로마법에 따르면 남의 무덤에 무단으로 들어가는 것은 매우 심각한 범죄였다.

유대는 로마의 통치 하에 있었고 제자들은 로마법의 적용을 받았다. 로마법에 따르면 무단으로 다른 사람의 무덤에 들어가는 것은 신성 모독에 해당하는, 매우 심각한 범죄였다. 그에 대한 처벌은 '섬으로의 추방'에서 '사형'에 이르렀다.[24]

스승을 버리고 나 살겠다고 도망갔던 제자들이 갑자기 로마가 금지하는 범죄를 거리낌 없이 저지를 정도로 배짱이 생겼다고 보기에는 무리가 있다. 요한복음 저자는 그런 로마법에 대해서 잘 몰랐던 걸까? 아니면 그

---

24 https://mail.google.com/mail/u/0?ui=2&ik=7202aeff4e&view=lg&permmsgid=msg-a:r4990596763571948966.

럼에도 마가복음 저자가 시작한 '빈 무덤' 이야기를 가장 확실하게 만드
는 데는 직접 무덤에 들어간 목격자의 등장보다 더 좋은 게 없겠다고 생
각했던 걸까?

베드로와 익명의 제자가 빈 무덤에 들어갔다는 이 구절 속에는 그 외에
도 많은 문제점이 숨어 있다. 그중에서 한 가지만 더 생각해보자. 죽었다
가 다시 살아난 성경 속 인물 중에서 나사로는 특히 유명하다. 나사로는
예수의 친구였고 또 예수는 친구의 죽음 앞에서 눈물까지 흘렸다. 다음
구절은 무덤에서 나온 나사로의 모습이다.

> 죽었던 사람(나사로)이 나왔다. 손발은 천으로 감겨 있고, 얼굴은 수건으로
> 싸매여 있었다.
>
> (요한복음 11:44)

다음 구절은 예수의 빈 무덤 장면이다.

> 그가 무덤 안으로 들어가 보니, 삼베가 놓여 있었고, 예수의 머리를 싸맸던
> 수건은, 그 삼베와 함께 놓여 있지 않고, 한 곳에 따로 개켜 있었다.
>
> (요한복음 20:6-7)

나사로의 손발을 감고 있는, 천과 같은 것이 바로 빈 무덤에 놓여 있던
삼베다. 그러니까 이 두 구절만 보아도 예수의 부활과 다시 살아난 나사
로는 확연하게 다르다. 나사로는 몸에 삼베(천)를 싸고 얼굴에 수건을 두
른 채로 자리에서 일어났다. 그리고 그의 몸에서는 썩은 냄새까지 났다고

한다. 그러나 예수는 스르륵 옷을 뚫고 나왔다. 그렇기에 몸을 쌌던 삼베와 얼굴을 싸던 수건이 따로따로 놓여 있었다. 요한복음 저자는, "예수의 머리를 싸맸던 수건은, 그 삼베와 함께 놓여 있지 않고, 한 곳에 따로 개켜 있었다"라고 그 점을 특히 강조한다. 그게 아니라면, 즉 예수가 삼베와 수건을 걸친 채로 일어났고 나중에 벗은 거라면, 그리고 굳이 따로 개지 않았다면, 바닥 아무 데나 떨어져 있는 게 자연스럽다. 그런데 요한복음 저자는 몸 부활을 그리면서도 동시에 물질을 통과하는, 게다가 개켜서 정돈하는 디테일까지, 특별한 예수를 강조하고 싶었던 것 같다. 자, 그러면 여기서 한 가지 의문이 든다.

"무덤을 막은 돌은 그럼 굳이 왜 옆으로 밀어놓아야 하는 걸까?"

이 질문이 떠오르는 건 너무나 당연하다. 돌을 옆으로 굴리는 수고 없이 예수는 얼마든지 돌을 통과할 수 있다. 다음 요한복음 구절을 보아도 부활한 예수에게 그런 능력이 있었던 것은 확실하다. **그는 물질을 통과할 수 있었다!**

그날, 곧 주간의 첫날 저녁에, 제자들은 유대 사람들이 무서워서, **문을 모두 닫아걸고 있었다.** 그때에 예수께서 와서, 그들 가운데로 들어서셔서, "너희에게 평화가 있기를!" 하고 인사말을 하셨다.

(요한복음 20:19)

그런데 왜 돌은 옆으로 굴러가야만 했을까? 그래야 안이 텅 비어버린 무덤이 주는 극적 효과가 배가 되기 때문이다. 비록 삼베와 수건은 스르륵 뚫고 일어난 예수였지만, 닫힌 돌을 스르륵 통과하지 않았다. 일관성을 포기하더라고 돌이 굴려져 있지 않으면, 빈 무덤이 주는 효과는 사라진다. 무엇보다 빈 무덤이라는 개념을 처음으로 만들어낸 마가복음 저자가 옆으로 굴러간 돌덩이를 특하나 강조했다. 그냥 굴려진 돌덩이로는 성에 차지 않았던지 저자는 그 돌의 크기까지 따로 명시할 정도였다.

> 그런데 눈을 들어서 보니, 그 돌덩이는 이미 굴려져 있었다. **그 돌은 엄청나게 컸다.**
>
> (마가복음 16:4)

하지만 지금 생각하면 마가복음 저자는 하나만 알고 둘은 몰랐던 것 같다. 사실 돌덩이가 굴려진 빈 무덤보다는 돌덩이가 그대로 막았던 빈 무덤이 오히려 더 극적일 수도 있으니까. 내가 마가복음을 썼다면 아마도 다름과 같이 스토리를 만들었을 것 같다.

"예수가 다시 살아났다는 소문이 온 예루살렘에 퍼지더라. 본디오 빌라도와 대제사장이 서둘러 무덤으로 달려가 무덤을 단단히 닫고 있는 큰 돌을 보고는 안심하더라. 그때 아리마대 요셉이 돌을 굴리고 안을 확인하자 하니 다들 그를 조롱하며 반대하더라. 그러나 아리마대 요셉의 말을 심중에 담은 빌라도가 군인들을 시켜 돌을 굴리더라. 무덤 속을 확인한 군인들이 놀라 뛰어나오며 외치더라. '텅 비어 있습니다, 시신이 없습니다'"

이런 전개가 훨씬 더 극적이지 않나? 자, 이제 '빈 무덤'이 가진 마지막 문제를 생각해보자. 변증학자들의 주장과 달리 '빈 무덤'을 설명할 방법은 부활 외에도 너무나 많다는 사실이다. 누군가의 무덤이 비었다는 소리를 들었을 때 어떤 생각이 가장 먼저 떠오를까?

"아, 부활했구나…."

자연스럽게 이런 생각이 드는 사람이라면, 아버지 없이 아이가 태어났다는 말에는 이렇게 생각할지도 모르겠다.

"아, 동정녀 탄생이구나…."

당연히 이런 사람은 거의 없다. 군이 '오컴의 면도날'[25]을 언급하지 않더라도, 무덤이 비었다는 것도 대단히 희귀한 일인데, 거기에 군이 부활이라는 더 희귀한 설명을 더 해서 아예 '불가능한 일'로 만드는 것은 부자연스럽기 그지없다. 그래서 리처드 도킨스는 이렇게 말했다.

우주는 '신'이라는 가설이 없이도 과학에 의해 충분히 설명될 수 있으며, 만약에 과학으로 설명할 수 없는 현상이 있더라도 이를 설명하기 위해 '신'이라는 더 복잡한 개념을 꺼내 드는 것은 아무런 도움이 되지 못한다. 시계를 설명하기 위해 시계공을 만들어낸다면, 시계공은 시계보다 더 복잡하고, 설명하기 어려울 수밖에 없다.[26]

빈 무덤을 부활로 설명하는 시도도 이와 비슷한 맥락에서 이해할 수 있지 않을까? 따라서 '빈 무덤'에 관한 가장 자연스러운 설명은 누군가 시신

---

25 간단하게 오컴의 면도날을 설명하자면, 어떤 현상을 설명할 때 불필요한 가정을 해서는 안 된다는 것이다. 좀 더 쉬운 말로 번역하자면, '같은 현상을 설명하는 2개의 주장이 있다면, 간단한 쪽을 선택하라(given two equally accurate theories, choose the one that is less complex)'라는 뜻이다. 여기서 면도날은 필요하지 않은 가설을 잘라내 버린다는 비유로, 필연성 없는 개념을 배제하려 한 '사고 절약의 원리Principle of Parsimony'라고도 불리는 이 명제는 현대에도 과학 이론을 구성하는 기본적 지침으로 지지받는다.(출처: 한국 위키피디아)

26 https://namu.wiki/w/리처드%20도킨스.

을 가져갔다는 것이다. 그래서 그런지 마태복음 저자는 다음과 같은 이야기를 덧붙였다. 예수의 시신이 사라지고 대제사장을 비롯한 관계자가 '헛소문'을 퍼뜨리게 했다는 것이다. 이건 일종의 선제공격이다. 가장 그럴듯한 설명을 미리 제시함으로 '그건 아니다'라는 인상을 강하게 주고 싶었던 것이다.

'예수의 제자들이 밤중에 와서, 우리가 잠든 사이에 시체를 훔쳐갔다' 하고 말하여라.

(마태복음 28:13)

시신 도굴 외에 빈 무덤에 대한 또 다른 설명은 무엇이 있을까? 부활을 받아들이지 않는 역사학자들이 제시하는 '빈 무덤'에 대한 설명 중 대표적인 것은 가매장설이다. 아리마대 요셉의 무덤이 가매장용이었다는 주장이다.

예수의 매장이 급조된 의식이었으며 임시변통이었다는 사실을 감안한다면 그 무덤이 비워졌으리라는 것은 당연히 예상했어야 한다. 애초에 예수는 그 무덤에 계속 안치되어 있을 예정이 아니었다. …… 마가는 토요일 해가 진 뒤 안식일이 끝났을 때 그들은 "그의 시체에 바르기 위해 향료를 샀다"고 말한다.(마가복음 16장 1절) 상식적으로 생각할 때 유월절 휴일 때문에 예수의 시체가 임시 무덤에 서둘러 안치되었으므로 가족들은 아마 예수의 최종 장례식을 최대한 빨리 완결 지으려 했을 것이다. 유대 전통에 따르면 시체는 가능한 한 죽은 지 24시간 안에 매장되어야 한다.[27]

그러니까 유월절을 범하지 않기 위해서 일단 시신을 십자가(나무)에서 내려 골고다언덕에서 멀지 않은 곳에 있던 아리마대 요셉의 가족묘에 임시 매장했고, 안식일이 끝나면 바로 영구 묘로 이전할 계획이었다는 것이다. 애초에 여자들이 무덤을 찾은 이유도 안식일 때문에 제대로 처리하지 못한 예수의 시신에 향료를 바르고, 영구 묘로 이전하기 위해서였다는 주장이다.

안식일이 지났을 때에, 막달라 마리아와 야고보의 어머니 마리아와 살로메는 가서 예수께 발라 드리려고 향료를 샀다.

(마가복음 16:1)

이레의 첫날 이른 새벽에, 여자들은 준비한 향료를 가지고 무덤으로 갔다.

(누가복음 24:1)

변증학자들은 여자들이 예수의 시신을 제대로 처리하고 '다시' 아리마대 요셉의 묘에 영구 안치할 예정이었다고 생각하지만, 비기독교 학자들은 다른 곳에 있는 영구 묘로 예수의 시신을 옮길 예정이었다고 주장한다. 만약에 후자가 맞는다면 어디가 목적지였을까? 가장 먼저 생각할 수 있는 것은 예수의 가족묘일 것이다. 그러나 앞에서 강조했듯이, 로마가 그렇게 순순히 반역죄, 그것도 자신을 왕으로 칭한 반역죄인의 시신을 가족의 손

27 　제임스 D. 타보르, 앞의 책, 325쪽.

에 넘길까 하는 점을 생각하면, 그 가능성은 현저하게 떨어진다. 바로 이런 점 때문에, 상당수 비기독교 학자들은 예수 시신의 최종 목적지는 범죄자 시신을 갖다 버리는 공동묘지였을 것으로 생각한다.[28] 그게 사실이라면, 앞에서 살펴본 아리마대 요셉에 관한 여러 의문이 자연스럽게 풀린다. 본디오 빌라도가 유대의 종교 관습을 존중해서 일단 시체는 내리게 했지만, 어차피 안식일 후에 바로 처리할 예정이기에 아리마대 요셉에게 잠시 시신을 맡기는 것도 별문제가 되지 않았을 것이다. 그뿐 아니라, 아리마대 요셉이라는 인물도 굳이 비현실적 상황, 그러니까 예수의 제자가 될 필요도 없어진다. 무엇보다 예수를 포함해 그날 십자가에서 죽은 3명의 죄인을 안식일이 끝날 때까지만 요셉의 임시 묘에 같이 안치했다가 한꺼번에 처리할 예정이었다면, 매우 자연스러운 그림이 그려진다.

물어야 할 질문은 이것이다. 유대의 민감한 매장 방식에 대한 존중으로 십자가에서 내려지도록 허락된, 사회적으로 신분이 낮은 죄인이 십자가에서 처형당하는 경우 그 시신은 보통 어떻게 처리되는가? 그 대답은 아마도 땅에 묻는 매장일 것이다. 그것도 키드론Kidron[29]이나 히놈Hinnom 계곡[30]에다가, 거기에 참석하는 사람이라고는 시신에 아무런 관심이 없는 매장 인부가 고작

---

28 존 도미닉 크로산 같은 학자는 예수 매장에 관해 다음과 같이 말한다. "나는 이미 예수의 친구들에 의한 그의 매장은 완전히 허구이며 비역사적이라는 사실을 주장했다. 그가 매장된 것이 사실이라면, 그는 그의 원수들에 의해서 매장되었을 것이고, 따라서 허술할 수밖에 없는 무덤은 굶주린 동물들에게 쉽사리 먹이가 되었을 것이다." 존 도미닉 크로산, 앞의 책, 253쪽.
29 감람산에서 남쪽으로 길게 뻗어 사해까지 이어지는 골짜기로 마지막 심판과 깊은 관련이 있는 곳으로 알려져 있다.
30 그리스어로 '게헨나Gehenna'라고 불린 곳. 신약성경에는 보통 '지옥'으로 번역되었다. 구더기도 영원히 죽지 않는 곳으로, 흔히 마지막 심판과 관련 있는 곳으로 알려졌다.

이고, 그는 매장한 장소에 하얀 표시를 하거나 대충 돌무더기를 쌓아 표시할 것이다. 불결한 곳이라는 경고의 표시로 말이다.[31]

만약에 이런 주장이 맞는다면, 여자들이 무덤에 갔을 때 빈 무덤을 목격한 이유는 자명하다.

"로마가 이미 시신을 처리했기 때문이다."

그런데 이런 설명 외에도 '빈 무덤'을 설명할 수 있는 시나리오는 얼마든지 있다. 게다가 역사적 팩트에 근거해서 훨씬 더 개연성 있는 설명도 얼마든지 가능하다. 미지의 인물 아리마대 요셉[32]을 다시 거론하자. 많은 기독교인에게 익숙한 이름, 아리마대 요셉은 유대인으로서는 드물게 기독교에서 바리새인 니고데모와 더불어서 매우 긍정적으로 평가받는 인물이다. 사두개인이 별로 익숙하지 않기에 아리마대 요셉도 니고데모와 비슷한 선한 바리새인으로 생각하는 경향이 있다. 그러나 그는 바리새인이 아니라 사두개인이었다. 어떻게 그 사실을 알 수 있을까? 예수의 재판 장면에는 바리새인이 전혀 등장하지 않는다. 아니, 복음서 내내 예수를 죽이려고 혈안이 되었던 바리새인이 정작 가장 중요한 순간에 등장하지 않았다. 이걸 어떻게 이해해야 할까?

그나마 가능한 설명은 이것이다. 복음서 저자들은 하나같이 바리새인을 사악한 존재로 그렸지만, 그들이야말로 반로마 세력의 중심이었음을 잘 알았다. 다시 말해서, 예수가 반란죄 그러니까 반로마 항쟁이라는 죄

---

31   http://commonsenseatheism.com/?p=5158.
32   이름이 아리마대이고 성이 요셉이 아니라, 아리마대라는 지역에서 온 요셉이라는 뜻이다.

목으로 사형되었다는 사실을 상기할 때, 다른 곳도 아닌 예수 재판에 바리새인을 등장시키는 것은 글의 신뢰성 자체에 심각한 훼손이 될 수 있다고 생각했을 것이다. 그건 어쩌면 당연한지도 모르겠다. 바리새인과 로마의 갈등은 복음서가 쓰이던 당시, 그러니까 1차 유대-로마 전쟁이 끝나고 더 널리 알려졌을 테니까.[33] 결국 복음서 저자는 로마에 대항하는 예수를 죽이기 위해 대제사장을 중심으로 한 사두개인이 또 다른 산헤드린 공회원인 바리새인을 철저하게 배제한 채, 그날 매우 비정상적이고 변칙적인 종교 재판을 열었다고, 어쩌면 역사적 진실에 매우 가까운 이야기를 사실 그대로 쓸 수밖에 없었는지도 모르겠다. 게다가 재판이 열린 장소도 산헤드린 공회당이 아닌 대제사장의 집 뜰이었다.[34] 예수는 말 그대로 비정상적인 재판, 친로마 세력의 핵심인 사두개인의 재판에서 유죄를 선고받고 본디오 빌라도에게 넘겨졌다.[35] 이런 사실을 고려할 때, 복음서가 주는 아리마대 요셉에 대한 제한된 정보로부터 그에 대해서 내릴 수 있는 가장

---

33 복음서는 모두 다 1차 유대-로마 전쟁이 끝난, 서기 70년 이후에 쓰였다. 그 전쟁의 주동자는 다름 아닌 바리새파였다. 그렇기에 복음서 저자들은 로마의 정적인 바리새인을 사악하게 그릴 수밖에 없었다. 그러나 동시에 반로마 운동 때문에 잡힌 예수 재판에 다른 사람도 아닌 바리새인이 사두개인과 함께 참석해서 예수를 정죄했다고도 차마 쓸 수 없었을 것이다. 물론 예외도 있다. 요한복음 저자는 바리새인이 사두개인 대제사장과 함께 예수 살해를 모의했다고 썼다.(요한복음 11:47-48) 이 부분에서 또 하나 생각할 수 있는 사실은 아마도 마가복음이 그리는 예수 재판과 처형은 상당히 역사적 진실에 근접할 가능성이 높다는 점이다. 다시 말해서, 실제로 대제사장의 뒷마당에서 사두개인들만 참석한, 불법적인 예수 재판이 있었고 아마도 그 사실은 시간이 지나면서 널리 알려졌을지도 모른다. 그렇기에 복음서 저자들은 다른 곳은 몰라도 그 재판에 바리새파가 참석했다고는 '차마' 쓸 수 없었을 것이다.

34 "베드로는 멀찍이 떨어져서, 예수를 뒤따라 대제사장의 집 안마당에까지 들어갔다."(마가복음 14:54)

35 복음서가 그리는 것처럼 본디오 빌라도가 정말로 예수를 살리고 싶었다면, 이런 비정상적인 재판 절차에 이의를 제기했어야 한다. 아니, 본디오 빌라도가 대제사장에게 이의를 제기한다는 말은 우습다. 그는 그냥 처형 판결을 내리지 않으면 된다. "풀어줘라"라는 말 한마디면 거기서 끝난다. 그러나 당시 상황을 전혀 모르는 많은 기독교인은, 잔혹한 통치 때문에 결국 유대 땅에서 파직당한 본디오 빌라도가 유대 군중을 두려워했다는 말도 안 되는 복음서의 진술을 사실로 받아들인다.

타당한 추론은 다음 두 가지다.

1. 아리마대 요셉이 친로마 세력인 사두개인이자 예수의 사형에 찬성한 산헤드린 공회원이었다는 것.
2. 그는 또한 본디오 빌라도와 얼굴을 맞대고 만날 수 있는 위치에 있었다는 것.

그랬기에 사두개인이자 예수의 사형을 요구한 장본인 중의 한 명인 아리마대 요셉에게 본디오 빌라도가 영구 장례가 아닌 임시 장례 정도라면 얼마든지 맡길 수 있지 않았을까? 아니, 변증학자들이 주장하는 대로 영구 장례라도 맡기지 않았을까? 다른 사람은 몰라도, 아리마대 요셉이라면 예수의 무덤이 반로마 성지가 되도록 하지는 않을 테니까 말이다.

마르코(마가)는 전날 저녁에 있었던 예수의 심문이, 산헤드린 구성원 일부나 대다수가 아닌 "대제관들과 온 의회"가 예수를 사형시키려고 그에 대한 증언을 찾았던 것이라고 말한다.(마가복음 14:55) 자기가 하느님의 아들이라는 예수의 진술 때문에(14:62) 심문 끝에, "(공회원) **모두가** 그분이 죽을죄를 지었다고 단죄하였다."(14:64) 달리 말해서 마르코에 따르면, 미지의 인물 (아리마대) 요셉은 예수가 십자가형을 받기 전날 밤 예수 사형을 요구한 사람들 중 하나였다.[36]

그렇다면 우리는 여기서 무엇을 유추할 수 있을까? 사사건건 사두개

---

36   바트 어만, 강창헌 옮김, 『예수는 어떻게 신이 되었나』(갈라파고스, 2015), 182쪽. 괄호 저자 추가

인과 날카로운 대립각을 세우던 바리새인들에게, 다른 사람도 아닌 친로마 세력 사두개인 아리마대 요셉이 예수의 시체를 가져간 것은 심각한 문제가 될 수 있었을 것이다.[37] 생각해보자. 예수가 왜 죽었는가? 다시 강조하지만, **그는 반역죄로 로마에 대항했기 때문에 십자가에 죽었다.** 그런데 그런 그가 친로마인 사두개인의 무덤에서 잠잔다고? 설혹 임시라고 해도 거기에 누워 있다고? 이건, 뭐 안중근 의사의 유해를 이완용의 집 뒤뜰에 모시는 것과 무엇이 다를까? 생각이 있는 사람들이라면, 안 의사의 유해가 계속 거기에 있도록 놔둘 리 없다. 그런 측면에서 볼 때, 반로마 운동에 그 누구보다 적극적이었던 무리, 이른바 젤롯파로 불리는 과격 바리새파라면 예수의 시신이 임시 묘에 옮겨진 직후에 바로 가져갔을 수도 있지 않을까?[38] 그래서 여자들이 무덤에 도착했을 때 이미 시신은 사라지고 남은 것은 '빈 무덤' 뿐이었다면?

독자들은 오해하지 않았으면 좋겠다. '빈 무덤'에 관한 이런 추론이 역사적 사실이라고 주장하는 게 아니다. 단지 이처럼 '빈 무덤'을 설명하는 방법은 부활 외에도 얼마든지 더 있다는 점을 보여주고 싶을 뿐이다. 오로지 부활만이 '빈 무덤'을 설명하는 유일한 방법도, 또 가장 합리적인 방법도 아니라는 사실을 설명하고 싶을 뿐이다.

자, 이제 초반에 물었던 질문으로 다시 돌아갈 때가 되었다.

---

37   예수가 바리새인인 경우, 이건 더 심각해진다.
38   예수의 열두 제자도 반로마에 적극적인 젤롯파로 보는 시각이 있지만, 별로 설득력이 없다고 생각한다. 그게 사실이라면, 젤롯파가 나중에 예루살렘을 활보하면서 예수의 이름을 외치는데도 아무런 제재를 받지 않는 아주 이상한 그림이 나온다. 아마도 그들은 내가 『야고보를 찾아서』에서도 그렸듯이 어떤 초월적 임재를 통한 로마 세력 전복을 꿈꾼, 그러니까 스승 예수와 100% 동일한 입장이 아니었을까 추측한다.

"최초 마가복음 저자는 굳이 왜 여자들이 아무 말도 하지 않았다고 썼을까? 그것도 마지막 문장을 그렇게 쓴 이유가 무엇일까?"

나는 이 질문에 대한 답이야말로 부활에 관해 숨겨진 아주 중요한 사실하나를 알려준다고 생각한다. 내가 생각할 때, 마가복음 저자가 그렇게 쓴 이유는 명확하다. 서기 70년 예루살렘 성전이 불에 타 잿더미가 되고서야 막을 내린, 그 끔찍한 1차 유대 – 로마 전쟁이 끝나고 조금 지난 시점, 후일 마가복음으로 알려질 글을 집필하던 저자는 십자가의 처참한 죽음 부분을 쓰고는 마침내 글의 마무리에 다다랐다. 당시 바울파의 일원이지만, 그중에서도 예수의 '몸 부활'을 신봉하던 저자는 고민에 빠졌다.

'어떻게 해야 환상 같은 게 아니라, 확실하게 몸으로 부활했다는 사실로 알릴 수 있을까?'

순간 저자의 머리에 무덤이 텅텅 비었다는 사실보다 더 효과적인 방법이 없다는, 섬광 같은 아이디어가 스쳤다. 그런데 거기에는 한 가지 심각한 문제가 있었다.

'가만, 그런데 바울 사도가 쓴 부활 이야기에 빈 무덤은 아예 나오지도 않는데….'

당연했다. 바울은 몸 부활을 가장 앞장서서 반대했을 사람이니. 그렇다고 바울이 쓴 부활 이야기를 깡그리 무시하고 마음대로 쓸 수는 없는 노릇이었다. 누가 뭐래도 바울의 글은 가장 많은 사람이 읽는, 무려 20년 전에 쓰인 최고의 권위를 가진 서신서니까. 만약에 그 점을 고려하지 않고 인위적으로 빈 무덤에 관해서 쓰면 당장 이런 말이 나올 건 뻔해 보였다.

"뭐라고? 예수님의 빈 무덤이라고? 난 그런 이야기 들은 적 없는데. 아니, 제자들도 그런 얘기를 하신 적 없잖아? 그건 바울 사도도 마찬가지고.

역사 속 부활의 흔적

그렇게 중요한 사실이 지금까지 알려지지 않았다는 게 말이 돼? 당신 그런 얘기 어디서 들은 거야? 그 무덤 지금 어디에 있는지 알아?"

저자는 '빈 무덤'에 대해서 사람들을 납득할 방법이 필요했다. 그는 두 가지를 고안했다. 첫 번째로, 여자들을 목격자로 만들어서 독자들이 이렇게 생각하도록 유도했다.

"아, 여자들이 확인했기 때문에 사람들이 안 믿었구나…. 그래서 전혀 빈 무덤에 대한 소문이 나지 않았던 거구나."

두 번째는 목격한 여자들조차 철저하게 침묵을 지킨 것으로 만들었다.

"하긴, 빈 무덤을 봤다고 말했어도 안 믿었을 테니…. 그래서 아예 말을 안 했다고? 그러니까 우리가 빈 무덤에 대해서 들었을 리 없지. 예수님 제자들뿐 아니라 바울 사도조차도 들었을 리 없는 게 더 확실하네."

게다가 빈 무덤 이야기를 만들어내기에 당시 정치적 상황이 그리 나쁘지 않았다. 예루살렘은 로마와의 전쟁으로 완전히 초토화되었고, 설혹 누군가가 나와서 무덤이 비었다는 것을 확인하러 가자고 해도, 도리가 없던 시기였다. 마가복음이 만약에 1차 유대-로마 전쟁 이전, 그러니까 바울이 서신서를 쓰던 50년대에만 쓰였어도, 저자는 감히 '빈 무덤' 이야기를 쓸 엄두를 내지 못했을지도 모른다. 한번 생각해보자. **만약에 복음서에 나오는 다양한 부활 이야기가 사실이라면, 제자들이 그런 이야기를 하지 않았을 리 없고, 마가복음을 쓰던 당시에는 이미 널리 퍼져 있어야 하는 게 당연하다.** 그런데도 마가복음 저자가 아예 그런 부활 이야기를 쓰지 않는다는 게 말이나 될까? 앞에서도 언급했지만, 그 유명한 베드로의 이야기, 도마의 이야기를 아예 언급도 하지 않고 그냥 뜬금없이 '빈 무덤'으로 글을 끝내는 게, 그것도 여자들이 공포에 빠져 침묵을 지켰다고 쓰고는 펜을 놓는 게 말이나 될까?

여기서 한 걸음만 더 들어가보자. 예수 부활을 전후해서 많은 기적이 일어났다고 했다. 두 번에 걸친 지진도 지진이지만, 누가 뭐래도 가장 엄청난 기적은 다수의 죽은 사람들이 다시 살아나서 예루살렘을 활보했다는, 마태복음 저자가 기록한 놀라운 사건이다.

예수께서 다시 큰 소리로 외치시고, 숨을 거두셨다. 그런데 보아라, 성전 휘장이 위에서 아래까지 두 폭으로 찢어졌다. 그리고 땅이 흔들리고, 바위가 갈라지고, 무덤이 열리고, 잠자던 많은 성도의 몸이 살아났다. 그리고 그들은, 예수께서 부활하신 뒤에, 무덤에서 나와, 거룩한 도성에 들어가서, 많은 사람에게 나타났다.

(마태복음 27:50-53)

이걸 사람들이 모를 수 있을까? 미국 드라마 〈워킹데드〉의 장면을 떠올려만 봐도 쇼킹한 장면이다. 그러니 누구라도 예수의 부활이라는 말을 들으면 다 이렇게 말하지 않을까?

"그때 예수님 부활하던 그날 시체들이 예루살렘을 막 돌아다니는 바람에 완전히 난리가 났잖아? 난 지금도 그날을 생각하면 정신이 혼미할 정도야."

그런데 예수의 생애와 부활을 기록한 마가복음 저자가 이 이야기를 빼고 안 썼다고? 마태복음보다 뒤에 글을 쓴 누가복음 저자나 요한복음 저자야 반복을 피하려고 안 썼다는 변명이라도 할 수 있을지 몰라도, 가장 먼저 예수의 생애와 부활을 기록한 마가복음 저자가 이 놀라운 이야기를 아예 언급도 하지 않고 뜬금없이 '빈 무덤'으로 글을 끝냈다고? 그것도 여자들이 공포에 빠져 침묵을 지켰다고 쓰고 펜을 놓았다고?

정확하게 똑같은 이유로, 나는 요한복음 속 예수, 그러니까 스스로 공개적으로 하나님이라고 부르는 예수가 역사적 예수의 모습이라고 전혀 생각하지 않는다. 만약에 요한복음 속 예수의 모습이 사실이라면, **그러니까 예수가 살아생전에 공공연하게 자기가 하나님이라는 말을 했었다면, 다른 사람도 아닌 공관복음서 저자들이 모를 리 없다.** 그런데도 그들이 그 중요한 사실을 아예 외면했다고? 예수가 하나님 자신이라는 교리는 말 그대로 기독교의 핵심 중의 핵심인데, 공관복음서 저자들이 마치 약속이라도 한 것처럼 가장 중요한 사실을 묵살했다고? 그게 말이나 되는 소리일까?

비슷한 예를 하나 더 들어보자. 공관복음서는 예수의 기적 이야기로 넘친다. 그런데 예수가 일으킨 '기적' 중에서 가장 대단한 기적이 뭘까? 바로 죽은 사람을 살린 일이다. 죽은 사람이 살아났다는 말을 들으면 기독교인 10명 중 9명은 죽은 나사로를 생각할 것이다. 죽은 지 며칠이 지나 이미 썩은 냄새가 나는 친구 나사로를 예수가 살린 이야기는 오로지 요한복음에만 나온다. 만약에 이 기적이 실제로 일어난 역사적 사실이라면, 기독교인들은 만날 때마다 이 이야기를 하지 않았을까? 예수의 부활을 기억할 때마다 더불어 나사로를 떠올리지 않았을까? 마가복음 저자가 이 이야기를 몰랐을까? 마태복음 저자는? 누가복음 저자는? 그들이 모른다는 게 말이나 될까? 다 알면서도 일부러 쓰지 않고 **뺐다는 걸까? 예수가 메시아라는 사실을 알리려고 복음서를 쓴 사람들이 정작 예수가 메시아임을 가장 잘 알려줄 기적, 죽은 나사로를 살린 그 이야기를 일부러 빼고**

안 썼다고? 앞으로 수십 년 후에 요한복음이라는 책을 쓸 사람의 몫이니까 굳이 우리는 안 써도 돼, 이렇게 생각했을까? 납득하기 어렵다.

이런 맥락에서 빈 무덤을 바라볼 때, 마가복음이 나오기 이전 초기 기독교인 중에는 부활한 예수와 제자들이 빚어낸 감동적 이야기는 말할 것도 없고, '빈 무덤'에 대해서도 들어본 사람이 없었다고 보는 것이 타당하다. 그랬기 때문에 처음으로 빈 무덤을 생각해낸 마가복음 저자는 첫 목격자로 사회적으로 인정받지 못하는 여자를 등장시켰을 뿐 아니라, 그 여자들마저도 침묵했다고 쓰고는 펜을 놓은 것이리라.

부활한 예수가 다양한 사람들에게 나타났다는 것은 학자들에 의해서 가장 광범위하게 받아들여지는 팩트다. 제자들은 말할 것도 없고 바울과 또 수백 명의 사람. …… 이 사실을 증언하는 바울의 부활장은 그래서 부활의 사실 여부를 판단하는 데 있어서 매우 중요하다. 부활장뿐 아니라 복음서에도 나오는 사실이다. 그러니까 우리는 이 부분과 관련해서 최소한 2개의 독립적인 소스를 가지고 있다.[39]

– 윌리엄 크레이그

크레이그가 내세운 세 번째 팩트는 부활한 예수가 많은 사람 앞에 나타났다는 것이다. 이 주장은 크레이그뿐 아니라, 부활의 역사성을 내세우는 변증학자라면 곧 살펴볼 네 번째 사실과 더불어서 단 한 명도 예외 없이 강조하는 핵심 증거다.

---

39   https://www.youtube.com/watch?v=vRTUrvTTRAQ&t=3050s.

부활한 예수를 본 사람은 아주 많다. 다수의 사람들이 40일간 예수를 목격했다. 그들 중에는 막달라 마리아(요한복음 20:10-18), 마리아를 따라 무덤에 간 여인들(마태복음 28:1-10), 로마 군인들(마태복음 28:4), 열한 명의 제자(요한복음 21), 엠마오로 가던 두 사람(누가복음 24:13-35), 다수의 제자(마태복음 28:16-20), 500명이 넘는 사람들(고린도전서 15:6), 야고보(고린도전서 15:7) 그리고 바울(고린도전서 15:8-9)이 있다. 나는 그 외에도 이름이 밝혀지지 않은 더 많은 사람이 있다고 확신한다.[40]

그러나 나는 크레이그가 팩트라고 부르는 네 가지 중에서도 특히 이 세 번째가 가장 신빙성이 적다고 생각한다. 오래전 영화 〈사랑과 영혼〉[41]을 본 사람이라면, 억울하게 죽음을 당한 패트릭 스웨이지의 영혼이 몸에서 빠져나온 후 차마 이승을 떠나지 못하고 사랑하는 연인, 데미 무어의 주변을 맴도는 것을 보면서 이런 안타까움을 가졌을 것이다.

"왜 샘(패트릭 스웨이지)의 모습은 정작 몰리(데미 무어)한테는 안 보이고 주술사 오다메(우피 골드버그)의 눈에만 보일까?"

왜 갑자기 뜬금없이 영화 〈사랑과 영혼〉이 여기 나올까? 크레이그가 말하는 세 번째 팩트와 관련이 있기 때문이다. 그 영화를 본 올드팬들이 하나같이 가장 감동 깊은 장면으로 꼽는 부분이 있다. 샘이 지금 곁에 있다는 오다메를 믿지 않고 문밖에 세워놓고 박대하는 몰리의 눈앞에서, 샘의 영혼이 보여주는 '동전 움직이기 신공' 장면이다. 동전이 스스로 움직이

---

40 https://crossexamined.org/10-reasons-accept-resurrection-jesus-historical-fact/.
41 〈사랑과 영혼〉(제리 주커 감독, 1990).

면서 벽을 타고 올라가서는, 다시 스르륵~ 날아 몰리의 손바닥에 놓였을 때, 비로소 몰리는 눈물을 흘리면서 오다메의 말을 믿는다. 그런데 이 영화에는 아주 심각한 문제가 있다. 비록 영혼이지만 샘은 다른 사람을 다 만질 수 있다. 오다메를 툭툭 치는 건 말할 것도 없고, 자신을 해친 강도와 배신한 친구를 밀기도 하고 심지어 때리기까지 한다. 그런데 이상하게도 몰리만 만지지 않는다. 도통 이해할 수 없는 부분이다. 그러니까 굳이 동전 올리기, 이런 시시한 거 말고 그냥 몰리를 밀거나 안으면 된다.[42] 몰리가 샘의 터치를 모를까? 굳이 신체적 접촉을 하지 않아도 되는 사람들은 다 만지고 건드리면서, 정작 샘 자신도 가장 느끼고 싶은, 또 샘의 영혼을 믿지 않기에 가장 그런 접촉이 필요한 몰리와는 철저하게 아무런 접촉이 없다. 안 하는 건지, 아니면 못 하는 건지 알 수 없지만 한마디로 말이 안 된다. 왜 이런 억지 시나리오로 영화를 만들었을까? 이유는 뻔하다. 동전 올리기 장면이 만들어내는 감동을 주기 위해서다. 다른 이유는 아무것도 없다.

부활한 예수가 실로 엄청나게 많은 사람 앞에서 나타났다는 주장을 들을 때마다, 나는 〈사랑과 영혼〉의 샘과 몰리가 생각난다. 곧 이야기하겠지만, 예수는 굳이 나타나지 않아도 되는 사람들에게만 나타났다. 그리고 정작 꼭 나타나야 하는 사람들 앞에는 결코 나타나지 않았다. **안 만져도 되는 사람들은 다 만지면서, 가장 만져야 하는 몰리는 만지지 않는 샘과 비슷하다.** 굳이 벽을 타고 동전을 올리는 답답한 영혼, 샘과 별반 다르지

---

42   문제는 이것만이 아니다. 물론 지금 본문에서 지적하는 것보다는 덜 심각하지만, 모든 물체를 다 통과하는 샘이 어떻게 층계를 걸어 다니고, 문턱과 의자에 앉아 있는지⋯ 한마디로 말이 되지 않는다.

않다.

부활한 예수가 정작 나타나야 하는데 나타나지 않았던 사람들 이야기는 잠시 미루고, 먼저 '역사성'과 관련해서 간단하게 살펴보도록 하자. 어차피 과거로 돌아가서 눈으로 확인할 수 없는 한, 역사성 여부는 기록을 통해서 따지는 수밖에 없다. 그렇기에 기록의 신뢰성을 검토하는 역사가라면, 다음 네 가지를 가장 중요하게 생각한다.

1. 동시대 사람의 기록인가?contemporary account
2. 1차 소스에 의한 기록인가?1st hand account
3. 선입관이 배제된 기록인가?unbiased account
4. 독립적인 다수의 기록인가?independent multi-source account[43]

그러면 여기서 한 가지 가정을 해보자. 임진왜란 당시에 이순신 장군이 도요토미 히데요시를 잡아서 사형시켰는데, 갑자기 그의 시신이 사라졌다면? 그리고 그 사실이 『난중일기』와 『징비록』 그리고 『조선왕조실록』에 남았다면? 그리고 동시대 일본에서 남긴 기록에 히데요시가 그의 가족과 측근에게 나타났다는 내용이 있다면? 그리고 그가 부활했다는 소문이 당시 일본에서 파다하게 돌았다면? 우리는 히데요시가 부활했다고 결론 내릴 수 있을까?

---

43 기독교 변증학자는 4권의 복음서를 들면서 독립된 4개의 소스가 있다고 말하지만, 엄밀히 말해서 복음서는 전혀 독립적이지 않다. 앞서 나온 책을 베꼈기 때문이다. 따라서 부활에 관한 독립 소스는 신약성경에 고린도전서와 마가복음 2개라고 봐야 한다. 그리고 관점에 따라서 요한복음도 추가 독립소스로 볼 여지가 있다.

전혀 아니다. 죽은 사람이 다시 살아났다는 설명보다는, 히데요시의 가족이 본 건 환상이고 시체는 도난당했다는 설명이 훨씬 더 설득력 있기 때문이다. 그럼에도 최소한 히데요시가 묻혔던 무덤이 '비었다'라는 주장의 역사성만은 의심하기 힘들어진다. 가장 먼저 『난중일기』를 생각해보자. 『난중일기』의 저자 이순신 장군은 동시대 사람일 뿐 아니라, 히데요시의 죽음을 직접 본 1차 소스 제공자이기도 하다. 따라서 『난중일기』의 기록은 대단히 신빙성이 높다. 게다가 이순신 장군의 입장에서 히데요시의 시신이 사라졌다는 것을 알려서 좋을 게 하나도 없기에, 선입관까지 배제된 믿을 수 있는 기록이 된다. 그리고 같은 내용이 유성룡의 『징비록』과 『조선왕조실록』에도 나온다면? 히데요시의 부활 여부와는 별도로, '빈 무덤'의 주장만은 독립적인 다수의 기록까지 갖춘, 역사적 사실일 가능성이 매우 크다.

이런 측면에서, 크레이그가 세 번째 팩트라고 말하는, 예수가 부활하고 많은 사람에게 나타났다는 주장은 기록의 신뢰성을 보장하는 이 네 가지 기준을 과연 얼마나 충족할까? 맹목적으로 믿던 시절을 벗어나서 부활의 역사성에 대해 내가 던졌던 첫 번째 질문이 이것이었다.

"부활하고 무려 40일이나 이 세상에 있으면서, 예수는 왜 당시 영향력 있는 중요한 사람에게는 나타나지 않았을까? 왜 그토록 꼭꼭 숨어서만 지냈을까?"

이건 다른 말로 하면, "다른 사람은 다 만질 수 있는 샘이 왜 몰리만 못 만질까?"라는 것과 같은 질문이다. 변증학자마다 예외 없이 예수가 워낙 많은 사람에게 나타난 게 증거라고 말하지만, 예수는 사실상 단 한 명도 객관적 검증이 가능한 사람 앞에 나타난 적이 없다. 내가 생각할 때, 부활한 예수가 다른 사람은 몰라도 꼭 나타났어야 하는 사람들이 있다.

첫 번째가 일단의 율법학자와 바리새파 그리고 사두개파 그룹이다.

왜 예수가 부활하고 그들에게 나타났어야 했을까? 예수 자신이 그러겠다고 약속했기 때문이다!

> 그때에 율법학자들과 바리새파 사람들 가운데 몇 사람이 예수께 말하였다. "선생님, 우리는 선생님에게서 표징을 보았으면 합니다." 예수께서 그들에게 말씀하셨다. "악하고, 음란한 세대가 표징을 요구하지만, 예언자 요나의 표징 밖에는, 이 세대는 아무 표징도 받지 못할 것이다. 요나가 사흘 낮과 사흘 밤 동안을 큰 물고기 뱃속에 있었던 것 같이, 인자도 사흘 낮과 사흘 밤 동안을 땅속에 있을 것이다."[44]
>
> (마태복음 12:38-40)

여기서 말하는 '요나의 표징(표적)'이 무엇인지는 명확하다. 예수가 스스로 말한 대로, 사흘 낮과 사흘 밤 동안 땅속에 있는 것, 그러니까 죽고 3일 후에 부활하는 것을 말한다. 증거를 보여 달라는 일단의 유대교 종교 무리에게 요나의 표징밖에는 보여줄 게 없다는 예수의 말은 바로 이런 거다.

"나는 부활밖에 너희들한테 보여줄 게 없거든? 그러니까 조금만 기다려. 내가 사흘 낮과 사흘 밤 죽었다가 다시 살아나서 나타날 테니까, 알겠나?"

---

44   마태복음 16장 1-4절에도 같은 내용이 있다. 그러니까 예수는 최소 두 번에 걸쳐서 공개적으로 부활해서 나타나겠다고 약속한 셈이다.

이 말은 달리하면, 이 세대가 너무 악해서 다른 걸 볼 수는 없어도 요나의 표징, 달리 말해서 부활의 증거만은 확실하게 받을 것이라고 예수가 약속하는 것이다. 그러나 결과는? 예수는 약속과 달리 그들에게 전혀 나타나지 않았다. 만약에 율법학자와 바리새파 앞에 약속한 대로 부활한 예수가 나타났더라면, 세상은 완전히 달라졌을 것이다. 『탈무드』와 『미쉬나』를 비롯한 고대 랍비 문헌에 예수의 부활이 수도 없이 기록되었을 것이다. 게다가 바리새파의 기록은 동시대의 기록일 뿐 아니라, 기독교가 주장하는 대로 예수를 가장 죽이고 싶어한 게 그들이라면, 결과적으로 그들의 기록 때문에 예수 부활의 역사성은 부정하기 힘들 정도로 강력한 근거를 가지게 된다. 게다가 예수와 거의 동시대를 살았던 철학자, 알렉산드리아의 필로(필론)[45]도 부활을 기록하지 않았을 리 없다. 상황이 이 정도가 되었다면, 유대 땅에서 유대교가 더 이상 존재하기란 힘들어지지 않았을까? 아마도 바울이 선교 여행을 시작하기도 전에 유대 민족 전체가 기독교로 개종했을지도 모른다. 그랬다면, 인류 역사상 최악의 비극 중 하나인 홀로코스트를 비롯한 유대인 학살도 일어날 일이 없었을 것이다. 그런데 이 본문은 예수가 약속을 지키지 않았다는 사실 외에도 또 한 가지 심각한 문제를 가지고 있다. 다름 아닌 요나라는 인물 때문이다.

예수는 지금 자신을 요나와 동일시하고 있다! 요나가 누구인가? 하나

---

45 필론(B.C.20~45)은 영어식으로 필로이며, 고대 알렉산드리아의 유대인 철학자다. 당시 알렉산드리아의 유대인 사회의 지도자이며, 구약성경의 창세기를 그리스 철학, 특히 플라톤의 이데아 사상을 사용하여 알레고리 해석을 최초로 시도한 학자다. 이 방법은 오리게네스에게 알레고리 성경해석을 만들게 했다. 필론의 사상은 알렉산드리아 학파와 알렉산드리아 교리학교의 신학자들에게 큰 영향을 주었다.(출처: 한국 위키피디아)

님의 명령을 거역하고 도망갔다가 벌을 받아 큰 물고기 배에 들어가 3일을 있다가 나온 사람이다. 그런데 어떻게 예수는 불순종한 요나와 자신을 동일 선상에 놓고 비교할 수 있을까?[46] 이 본문이 예수의 입에서 나온 말이 아니라 마태복음 저자의 창작물인 이유가 여기에 있다. 히브리 성경 어디에도 메시아가 죽고 3일 만에 다시 살아난다는 예언이 없다는 사실 때문에, 저자는 아예 그 예언을 예수가 직접 한 것으로 창작한 것이다. 아마도 저자의 머릿속에 '3일'이라는 시간과 관련해서 생각난 본문은 오로지 하나, 요나 이야기밖에 없었던 것 같다. 결국 마태복음 저자에 의해 예수의 십자가 죽음 3일은 불순종한 요나가 큰 물고기 배에서 보낸 3일과 같은 차원이 되어버렸다.

그런데 부활한 예수가 정작 나타났어야 했던 대상이 율법학자, 바리새파와 사두개파로 끝나지 않는다. 다른 사람들은 몰라도 꼭 나타났어야 하는 3명이 있다.

첫 번째가 바로 대제사장이다. 다음은 대제사장이 예수를 심문하는 장면이다.

대제사장이 예수께 물었다. "그대는 찬양을 받으실 분의 아들 그리스도요?"
예수께서 말씀하셨다. "내가 바로 그이요. 당신들은 인자가 전능하신 분의

---

46 『신의 변명』에서 이와 비슷한 사례를 다뤘다. 예수를 어떻게든 구약이 예언한 메시아로 만들기 위해 마태복음 저자는 2장 14-15절에서 호세아서 11장 1절을 인용한다. 그런데 그 순간 예수는 졸지에 이런 사람이 되어버린다. 호세아서 11장 2절을 보자. "그러나 내가 부르면 부를수록, 이스라엘(예수)은 나에게서 멀리 떠나갔다. 짐승을 잡아서 바알 우상들에게 희생 제물로 바치며, 온갖 신상들에게 향을 피워서 바쳤지만." 마태복음 저자가 예수와 유대 민족을 동일시하는 바람에 예수는 바알과 우상들에게 희생 제물을 바치고 또 온갖 신상에게 향을 피우는 존재가 되어버렸다.

오른쪽에 앉아 있는 것과 하늘의 구름을 타고 오는 것을 보게 될 것이오." 대제사장은 자기 옷을 찢고 말하였다. "이제 우리에게 무슨 증인들이 더 필요하겠소?"

(마가복음 14:61-63)

여기에는 중요한 말이 나온다. 바로 예수가 대제사장에게 한 말이다.

당신들은 인자가 전능하신 분의 오른쪽에 앉아 있는 것과 하늘의 구름을 타고 오는 것을 보게 될 것이오.

다른 말로 하면, 지금 예수는 '네가 누구냐, 이놈아~'라고 다그치는 대제사장에게, "누구보고 네가 지금 이놈이라는 거냐? 내가 누구인지 조만간 네 두 눈으로 똑똑히 보게 될 것이다, 이놈아!"라고 말하고 있다. 보수 정통 신학자는 대부분 이 말을 무려 2,000년이 넘은 지금까지도 이뤄지지 않은 '재림'으로 해석하지만, 누가 봐도 '부활 예언'으로 보는 게 훨씬 더 자연스럽다. 예수는 분명하게 '너희가 볼 것이다'라고, '너희가 죽기 전에 네 눈으로 내가 누구인지 똑똑히 확인하게 될 것이다'라고 말하기 때문이다. 그렇다면 예수는 부활하고 다른 사람은 몰라도 똑똑히 보여주겠다고 약속한 대제사장에게는 나타났어야 하지 않을까?

"봐라, 이놈아, 내가 뭐라고 했냐? 네 눈으로 똑똑히 내가 누구인지 보게 될 것이라고 내가 말했지? 이 어리석은 대제사장놈아…."

아니, 이보다 훨씬 더 극적인 장면을 만들 수도 있었다. 마태복음에 나오는 유명한 구절, 예수가 십자가에서 죽던 시점에 살아나서 며칠간 무덤

속에서 눈을 말똥말똥 뜬 채 누워만 있다가 부활 시점에 정확하게 맞추어서, 무덤을 나와 예루살렘으로 저벅저벅 걸어 들어갔다는 그 좀비들에 관한 구절 말이다.

> 무덤이 열리고, 잠자던 많은 성도의 몸이 살아났다. 그리고 그들은, 예수께서 부활하신 뒤에, 무덤에서 나와, 거룩한 도성에 들어가서, 많은 사람에게 나타났다.
> (마태복음 27:52-53)

기왕이면 적지 않은 숫자의 이 좀비들까지 데리고 예수가 대제사장 앞에 나타났더라면, 천하의 대제사장이라도 단숨에 무릎을 꿇고 회개하지 않았을까? 대제사장만이 아니다. 한 명이 더 있다. 고약한 대제사장을 회개시킨 후 그리 멀지 않은 곳에 있었을 본디오 빌라도를 찾는 것도 썩 괜찮은 생각이었을 것 같다. 요한복음이 그리는, 예수를 살리려는 본디오 빌라도의 노력은 가히 눈물겨울 정도였으니까.

"빌라도야, 고마웠다. 내가 너의 노력을 기억하마. 정말 멍청한 유대인에 비해 로마인은 뭐가 달라도 확실히 다르구나."

만약에 본디오 빌라도가 부활한 예수를 보고 회개했다면, 그래서 그가 로마로 돌아가 남은 인생을 복음을 위해 바쳤더라면, 그 후 200년 가까이 있었던 로마제국의 기독교 박해는 아예 일어나지 않았을 것이고, 지금 우리 손에는 신약성경 외에도 수도 없이 다양한 부활에 관한 기록이 있을 것이다. 본디오 빌라도 집을 나선 예수가 마지막으로 꼭 만나야 하는 사람이 한 명 남았다. 장사를 책임졌던 아리마대 요셉이다.

"내 가족과 제자들도 하지 않았던 내 장사를 지내주다니 정말로 고맙

구나. 내가 살다 살다 산헤드린 공회원 중에 너와 같은 믿음의 소유자를 본 적이 없구나. 거의 로마 백부장 수준에 근접한 놀라운 믿음이다.”

그러나 예수는 그러지 않았다. 40일이라는 짧지 않은 기간 내내[47] 극비리에 제자들만 만났을 뿐이었다. 생각해보자. 제자들과 같은 측근이야 부활한 예수가 굳이 나타나지 않았어도 믿었을지 모르지만, 예수를 불신하는 사람들은 상황이 전혀 다르지 않은가? 정작 예수가 나타나야 했던 사람은 그들이 아니었을까? 샘이 정작 만져야 하는 사람은 오다메나 살인자가 아니라 몰리가 아니던가?

여기까지 쓰고 나는 행여 과거에도 나와 비슷한 생각을 한 사람이 있지 않았을까 하는 호기심에 여러 자료를 검토했다. 놀랍게도 200년 전쯤에 태어난 미국의 로버트 잉거솔[48]이라는 작가가 아주 비슷한 글을 남겼다.

나는 기적으로서 부활을 믿지 않을 뿐 아니라 믿을 수 없다. 만약 부활이 사실이라면, 정말로 예수가 죽었다가 다시 무덤을 박차고 다시 살아났다면, 왜 그는 자기를 죽인 적들에게 나타나지 않았는가? 왜 본디오 빌라도에게 나타나지 않았는가? 왜 대제사장에게, 또 왜 헤롯에게 나타나지 않았는가? 왜 성전에 들어가서 그 오래된 부활에 관한 논쟁을 한 번에 끝내버리지 않았는가? 예수의 시신을 제자들이 훔쳐갔다고 돈을 받고 거짓말을 한 로마 군인들 앞에는 왜 나타나지 않았는가? 왜 한 번 더 부활한 몸으로 승리의 예루살렘 입성을 하지 않았는가? 왜 군중 앞에 나타나서 이렇게 외치지 않았는가?

---

47   왜 하필이면 40일일까? 시내산에 40일간 올라간 모세를 상기시키고 싶어서였을까?
48   로버트 잉거솔Robert Green 'Bob' Ingersoll(1833~1899)은 미국의 저술가이자 웅변가로, '자유로운 사상의 황금기'로 불리는 시대에 불가지론을 설파했던 사상가이기도 하다.

"봐라, 여기 내 발과 손 그리고 옆구리에 상처가 있지 않은가? 너희가 그토록 죽이고 싶어 했던 내가 여기 있다. 하지만 죽음은 내가 정복한 노예에 불과하다." 왜 부활한 예수는 그러지 않았는가?[49]

그러나 로버트 잉거솔 같은 사람이 가졌던 의문을 이해하지 못하는 크레이그는 이렇게 말한다.

소수에게 세계 선교라는 대사명commission을 주는 게 목적이었기 때문이다. 대중에게 부활이 사실이라고 설득하는 것이 부활의 목적이 아니었다. 따라서 복음을 듣고도 믿지 않은 사람과 듣지 못해서 믿지 않은 사람은 같은 차원에서 심판받지 않을 것이다.[50]

그러니까 크레이그에 따르면, 유튜브 세상이 되어서 누구나 복음을 들을 수 있는 지금은 사실상 믿지 않는 사람에게는 최악의 상황이라는 뜻이다. 그리고 동시에 과거에 예수가 나타나지 않아서 못 믿은 사람에게는, 하나님이 어느 정도 관용을 베풀 것이라는 말이기도 하다. 그런데 이게 말이나 되는 소리일까? 기왕이면 과거에도 부활한 예수를 보고 제대로 믿은 사람이 더 많았으면 훨씬 더 좋은 것 아닌가? 그뿐 아니라, 그들이 남긴 신약성경 외에 수많은 독립적인 자료를 바탕으로, 오늘날 예수의 역사성이 더 확실하게 증명되었으면 더 좋은 것 아닌가? 그랬다면, 크레이그 같은

---

49 Robert G. Ingersoll, *Lectures: Some Mistakes Of Moses*(구글 북스), 400쪽.
50 https://www.youtube.com/watch?v=rCFuhlnsF9c 44분 5초.

사람이 힘들게 부활을 변증하느라 애쓸 필요도 없을 텐데 말이다. 그러나 예수는 그러지 않았다. 내 생각에 정작 나타나야 할 사람들에게는 전혀 모습을 보이지 않은 것이 부활한 예수의 행적이다. 그 결과가 무엇일까?

"세상은 예수가 부활한 사실을 전혀 알지 못했다!"

예수가 승천할 때 있었던 적지 않은 사람들도 다 여자뿐이었던지, 세상은 예수가 다시 살아났다는 사실을 전혀 몰랐다. 무려 40일간 부활한 몸을 입고 이 세상을 돌아다녔다는 예수의 행적이 그만큼 비밀스럽고 은밀했었기 때문일까? 부활한 예수가 이 땅에 머문 40일은 그 외에도 여러 가지 면에서 의문을 자아낸다.

신약성경 전체에서 가장 당혹스러운 구절이 하나 있다. 사도행전 1장 3절은 예수가 부활 후 제자들에게 자신이 살아 있음을 '여러 가지 증거'로 보여주면서 40일을 그들과 함께 보냈다고 전한다. 40일이다! 여러 가지 증거? 정확히 얼마나 많은 증거가 필요했겠는가? 그래서 그들을 확신시키는 데 40일이 소요됐던 것일까?[51]

연유가 어쨌든지 부활한 예수가 무려 40일이나 이 땅에 머물렀는데도, 세상은 그의 부활을 전혀 알지 못했다. 그 사실은 사도행전 5장 속 바리새인의 수장 가말리엘을 보면 확실하게 알 수 있다. 나는 성경 중에서 가장 중요한 한 권을 들라면 갈라디아서를, 가장 중요한 한 장을 들라면 사도행전 5장을 꼽는다. 왜냐하면 둘 다 역사적 진실을 담았기 때문이다. 갈

---

51   바트 어만, 앞의 책, 226쪽.

라디아서 얘기는 생략하고, 사도행전 5장의 경우 앞에서 말한 '굴욕 검증'
을 가장 확실하게 통과하는 역사적 진실이라고 확신한다. 사도행전 저자
는 바리새인 수장 가말리엘을 이렇게 표현했다.

> 그런데 율법 교사로서, 온 백성에게서 존경을 받는 가말리엘이라는 바리새
> 파 사람이.
>
> (사도행전 5:34)

복음서 속 바리새인 모습에 익숙한 기독교인에게는 도저히 이해할 수
없는 표현이다. 소수의 백성도 아니고 '모든 백성'에게 존경을 받는 사람
이라고? 그런데 복음서는 바리새인을 어떻게 묘사하던가? 한마디로 악마
들이다. 생각해보자. 바리새인의 수장은 모든 백성에게 존경받는데, 바리
새인은 몽땅 다 악마, 위선자라고? 도저히 메울 수 없는 이 괴리를 어떻
게 이해해야 할까? 사도행전 저자는 왜 이렇게 썼을까? 아마도 가말리엘
이 예수의 제자들을 살려준 이야기가 워낙 유명했기 때문일 것이다.[52] 그
래서 빼고 싶어도 뺄 수 없었을 것이다. 그리고 차마 존경받는 가말리엘
을 위선자라고 부를 수 없었을 것이다. 그런데 우리가 주목하는 건 예수
의 제자들을 향한 가말리엘의 태도다. 다음과 같이 말하는 가말리엘을 이
해하기 힘들기 때문이다.

"그냥 놔두자. 애네들 불쌍한데 뭘 따로 건드리니? 애네들이 전파하는
말이 하나님이 시작한 거면 우리가 막는다고 막힐 리 없고, 하나님이 시

---

52   보다 자세한 내용은 옥성호, 『야고보를 찾아서』 '존경받는 바리새인 가말리엘' 장을 참조하라.

작한 일이 아니라면 얘네들은 알아서 사라질 거 아니니? 그러니까 굳이 우리 손에 피 묻힐 거 없다고."

시간의 흐름으로 볼 때 베드로와 그의 일행이 예수를 전파하다가 잡힌 것은 예수가 죽고 얼마 되지 않은 시점, 고작해야 몇 달, 길어도 1년이 지나지 않았을 즈음으로 보는 게 타당하다. 그렇다면, 사람들의 기억에 생생하게 남아 있지 않을까? 뭐가? 예수가 부활했다는 사실이….

예수의 십자가 사건은 예수의 부활로만 끝나지 않았다. 그 과정에 여러 기적이 발생했다. 하늘이 찢어지고 무엇보다 성전의 휘장이 둘로 갈라졌다. 마태복음에 따르면 3일 사이에 지진도 두 번이나 발생했다. 게다가 무덤에서 도대체 몇 명인지 모를 사람들이 살아나서 예루살렘으로 들어가 활보했다. 이런 사실은 당연히 산헤드린 멤버 가말리엘에게 알려지지 않았을까? 이게 끝이 아니다. 몇백 명의 사람이 예수가 부활한 건 말할 것도 없고, 하늘로 승천하는 장면을 목격했다. 그런데 가말리엘의 말과 태도를 보자. 이건, 부활은 말할 것도 없고, 아예 예수라는 이름도 들어본 적이 없는 사람의 태도라고 해도 과언이 아닐 정도다. 아니, 가말리엘은 무슨 산에서 도를 닦다가 막 내려온 건가? 이런 가말리엘을 볼 때, 부활에 관해 가장 확실하다는 바울이 쓴 부활장의 진위에도 고개를 갸웃거리게 된다. 바울이 뭐라고 했는가? 예수의 부활을 목격한 500명 중에는 아직까지 살아 있는 사람들이 많다고…. 정말로? 그렇게까지 알려진 유명한 사건이었다고? 그러나 현실은 무엇인가? 예수는 철저하게 최측근 외에는 누구에게도 나타나지 않았다. 예수의 승천을 목격했다는 수백 명이나 바울이 말하는 아직도 살아 있는 많은 사람도 모두 다 철저히 그리고 오로지 확인 불가한 '익명'으로만 존재할 뿐이다.

우리는 앞에서 역사적으로 가치 있는 기록을 판단하는 네 가지 기준을 살펴보았다. 예수가 수많은 사람에게 나타났다는 복음서와 사도행전의 내용이 역사가들이 꼽는 다음 기준criteria을 얼마나 충족시킬까?

1. 동시대 사람의 기록인가?contemporary account

2. 1차 소스에 의한 기록인가?1st hand account

3. 선입관이 배제된 기록인가?unbiased account

4. 독립적인 다수의 기록인가?independent multi-source account

예수 부활에 관한 기록은 이 네 가지 중에서 단 한 가지도 충족하지 못하지만, 그중에서도 특히 세 번째 기준, '선입관이 배제된 기록'과는 특히나 동떨어져 있다. 그 이유는 부활한 예수가 정작 나타나야 할 사람들에게는 단 한 번도 나타나지 않았기 때문이다. 은밀하게 그것도 철저할 정도로, 오로지 측근에게만 나타났기 때문이다.

생각해보자. 예수의 부활을 믿어서, 그에 따라 변화되어서 제자들에게 좋을 게 하나도 없다. 오히려 로마로부터의 위협만 더 커질 뿐이다. 그런데도 그들은 다 변했다. 이게 무엇을 말하는가? 그리고 한 가지 덧붙이고 싶은 것은, 많은 학자가 복음서에 나오는 부활 이야기에는 많은 모순이 있다고 한다. 틀리지 않은 말이다. 그러나 명심해야 한다. 그 모순 때문에 지금 내가 나열한 네 가지 팩트가 전혀 흔들리지 않는다는 사실이다. 복음서 부활 스토리의 모순과 대부분의 학자가 인정하는 팩트 사이에는 아무런 관계가 없다.[53]

– 윌리엄 크레이그

마르쿠스 아우렐리우스 황제[54] 시대의 철학자 켈수스[55]는 로마에서 퍼지는 기독교를 저지하기 위해서 '참된 교리'[56]를 저술했다. 거기에서 그는

---

53 물론 이건 사실 어이가 없는 주장이다. 크레이그가 사실이라고 주장하는 '팩트'가 어디서 나왔는가? 그의 말 그대로 '모순덩어리'인 본문에서 나왔다. 이건 뭐, 쓰레기장에서 장미가 피어나면 쓰레기장도 꽃밭으로 부르라는 말인가?

54 로마 제국의 제16대 황제(121~180).

55 고대 로마의 법학자(67~130).

도대체 예수라는 인간이 무슨 대단한 일을 했기에 그를 신으로 생각할 수 있느냐며 거칠게 분노를 표출한다. 그리고는 기독교가 퍼지는 이유는 다름 아닌 신자들의 상스러움과 무식함 때문이라고 진단한다.[57] 그러나 켈수스의 진단에 기독교인은 동의하지 않을 것이다. 상스러움과 무식함 때문에 기독교가 퍼진 게 아니라, 거기에는 부활이 있었기 때문이라고 말할 것이다. 무엇보다 부활을 목격하고 180도로 바뀐 제자들 때문이라고 소리칠 것이다. 이 네 번째 팩트가 기독교에서 얼마나 강력한 부활의 증거로 꼽히는지 몇 가지 사례만 살펴보아도 쉽게 알 수 있다. 21세기 부활과 관련한 기독교 저술 중에서 가장 중요한 책 딱 한 권을 꼽으라면, 아마도 적지 않은 신학자는 이 책이라고 말할 것이다.

바로 N. T. 라이트가 쓴 『하나님의 아들의 부활』이다. 2003년에 미국에서 출간됐고 한국에서는 2005년에 번역판이 나왔다. 한국판은 페이지가 무려 1,200쪽에 달하는, 말 그대로 대작이다. 미국 아마존을 보면 이 책에 달린 댓글이 130개가 넘는다. 결코 읽기 쉽지 않은 본격적인 연구서임을 고려하면, 이 책이 가진 무게를 짐작하게 한다. 인내심을 갖고 이 책을 읽은 한 사람으로서 감히 단언할 수 있다. N. T. 라이트는 크레이그가 네 번째로 꼽는 팩트, '제자들의 변화'를 강조하려고 이 두꺼운 책을 썼다.[58]

---

56 *On the True Doctrine: A Discourse Against the Christians.*
57 존 도미닉 크로산, 앞의 책, 66~67쪽.
58 "라이트는 예수의 부활과 초기 기독교의 탄생을 따로 분리할 수 없다고 주장한다. 즉 예수의 부활이 그 이후에 일어난 모든 일—독특한 이야기와 실천과 상징을 가진 기독교 공동체가 세워지게 된 일—을 제대로 설명해준다는 것이다. 라이트는 예수가 메시아 운동을 이끈 최초 혹은 최후의 인물이 아니었다는 점과 자칭 메시아라는 이들이 종종 죽임을 당했다는 점을 감안하여 다음과 같은 질문을 던진다. "왜 예수의 메시아 운동은 자기 대신 다른 지도자를 세우지 않았음에도 계속 지속되었을까?" 이에 대한 가장 설득력 있는 설명이 바로 부활이라는 것이 라이트의 결론이다. 로버트 B. 스튜어트 엮음, 김귀탁 옮김, 『예수부활논쟁』(새물결플러스, 2018), 27쪽.

빈 무덤과 예수와의 '만남들'은 서로 결합되었을 때에 우리에게 초기 기독교 신앙의 출현을 위한 충분조건만이 아니라, 필요조건도 제시해주는 것으로 보인다. 역사가들이 지금까지 생각해 낼 수 없었던 그 어떤 다른 것도 우리 앞에 놓여 있는 그러한 현상들을 설명해줄 수 있는 힘을 갖고 있지 못하다.[59]

기독교인이 '바트 에러맨errorman'이라고 부르며 조롱하는 비기독교인 바트 어만[60]은 세계적 명성을 가진, 초기 기독교를 연구하는 역사학자다. 비록 부활을 역사적 사실로 받아들이지는 않지만, 제자들을 급격하게 변화시킨 '어떤 동기'가 있었다는 점에서만은 바트 어만도 의심하지 않는다. 이처럼 비기독교인까지도 인정하는 게 바로 '제자들의 변화'다. 게다가 제자들이 하나같이 다 순교했다는 이야기가 사실이라면,[61] 한때 잡혀가는 스승을 지키기는커녕 도망가기에 급급했던 그들을 그렇게 180도로 바꾼 게 뭘까?

---

59   N. T. 라이트, 앞의 책, 1088~1089쪽.
60   바트 어만Bart D. Ehrman(1955~)은 미국의 성서학자다. 초등학교 5학년 때부터 캔자스주 로렌스의 성
       공회에서 신앙 생활을 시작했으며, 고등학생 때는 성공회 사제의 감사성찬례 집전을 돕는 복사로 봉
       사하기도 했다. 고등학교 2학년 때 '거듭남(Born Again)'을 강조하는 복음주의 선교단체의 영향으로
       성경에 관심을 두게 되어, 18살 때인 1973년 기독교 근본주의 성격의 무디 성서대학에 입학, 3년간
       성서학을 전공했다. 당시 바트 어만은 신약성경 사본에 관심을 갖게 되었다. 성서대학 졸업 후 복음
       주의 학교인 휘튼대학교에 진학한 그는 2년간 영문학과 헬라어를 배우면서 신약성경 사본과 신약성
       경 본문 비평에 관심을 두게 되었다.대학교 졸업 후 프린스턴신학교에 진학한 바트 어만은 히브리어,
       헬라어 해석, 신약성경 주석(해석)공부를 했으며, 사본학의 거장 브루스 매츠거Bruce Metzger 박사에게
       지도를 받았다. 현재 노스캐롤라이나대학교 종교학부 학장으로 일하고 있다.(출처: 한국 위키피디아)
61   제자들은 흔히 모두 순교한 것으로 알려졌지만, 그에 대한 역사적 증거는 단 하나도 없다. 대부분 역
       사학자는 로마에서 거꾸로 된 십자가에 달린 베드로를 포함해 제자들의 모든 순교 이야기를 사후에
       만들어진 전설이라고 생각한다.

부활, 역사인가 믿음인가?

동기가 없다: 워너 월러스[62]는 그의 강의와 책에서 음모가 형성되려면 힘, 탐욕, 그리고 정욕이라는 세 가지 동기 요인이 있음을 지적했다. 제자들은 부활을 역사라고 주장해서 잡을 수 있는 권력이 없었다. 오히려 그들은 유대인과 로마 당국에 의해 위협당할 뿐이었다. 탐욕에 관한 한, 그들은 세상적인 소유물이 아니라 영적인 것들을 추구하라고 가르쳤다. 욕망도 요인이 아니었다. 그들은 결혼 전 순결과 결혼 후의 정절을 가르쳤다. 실제로 N. T. 라이트는 고전적인 저서, 『하나님의 아들의 부활』에서 예수가 죽은 자들로부터 부활했다는 제자들의 주장 뒤에는 아무런 신학적 동기가 없었음을 강조했다. 오히려 그들이 예수로부터 바랐던 모습은 영웅과 세상 종말 시 마지막 부활이었다. 그렇다면 이런 제자들이 부활 이야기를 지어낼 동기가 뭐가 있었을까? 대답은, 없음! 제자들이 예수님의 부활을 가르쳤던 유일한 이유는, 예수의 부활이 진짜로 있었기 때문이다.[63]

그러면 전직 형사 월러스의 말대로 우리는 제자들이 변했다는 한 가지만으로 부활의 역사성을 받아들일 수 있을까?

"이봐요. 이 세상에 거짓말 때문에 목숨을 내어놓는 사람은 없어요. 제자들의 순교 이상으로 예수님의 부활을 증명하는 확실한 증거는 없습니다."

---

62   제임스 워너 월러스James 'Jim' Warner Wallace(1961년 6월 16일 출생)는 미국의 살인 사건 탐정 및 기독교 변증학자다. 월러스는 크리스천 월드뷰(Christian Worldview)의 콜슨 센터Colson Center 선임 연구원이자 캘리포니아주에 있는 바이올라대학교의 기독교 변증학Apologetics의 겸임 교수다. 그는 '기독교의 콜드 케이스' 외에도 신의 범죄 현장, 법의학 신앙 등 여러 책을 저술했는데, 살인 사건 추리에 적용되는 원칙을 신의 존재 및 복음의 신뢰성 등등의 기독교를 변증하는 데 적용했다.(출처: 위키피디아)
63   https://crossexamined.org/10-reasons-accept-resurrection-jesus-historical-fact/.

대단히 설득력 있는 논증이다. 자식을 살리려고 거짓말하며 죽는 부모, 동료를 지키기 위해 거짓말하다 죽는 투사는 있을지 몰라도 죽을 걸 뻔히 알면서 아무 의미 없는 거짓말을 하는 사람은 없다. 사도행전 속에 드러난 제자들의 모습이 진실이라면, 정말로 그들이 다 순교까지 했다면, 뭔지는 몰라도, 그들에게 무슨 일이 일어났다고 보는 게 타당하고, 한 걸음 더 나아가 부활한 예수를 만났기 때문이라고 말하는 것은 매우 설득력 있다. 게다가 사도행전 속 제자들이 전한 메시지의 핵심은 다름 아닌 부활이었다.

> 하나님께서 그를 사망의 고통에서 풀어 **살리셨으니** 이는 그가 사망에 매여 있을 수 없었음이라. …… 이 예수를 하나님이 **살리신지라** 우리가 다 이 일에 증인이로다. …… 그러나 하나님이 죽은 자 가운데서 그를 **살리셨으니** 우리가 이 일에 증인이라. …… 하나님이 **죽은 자 가운데서 살리신** 나사렛 예수 그리스도의 이름으로. …… 사도들이 큰 권능으로 주 예수의 **부활을 증언하니.**
>
> (사도행전 2:24, 32; 3:5; 4:10, 33)

보통 이렇게 이야기한다.

"보라고, 제자들이 이렇게 부활을 힘차게 증언하는데도 로마나 대제사장이 꼼짝을 못 했잖아? 그 사람들이 바보야? 그런데도 왜 그랬겠어? 예수님이 부활했으니까 그렇지. 그렇지 않다면, 예수님의 시신을 보여주면 끝나는 이야기 아니겠어? 이게 바로 진실의 힘이라니까!"

과연 그럴까? 지금부터 이 점에 대해서 한번 살펴보자. 이건 사도행전을 이해하는 데도 매우 중요한 포인트다. 정말로 궁금하다. 사도행전의 진술이 사실이라면, 왜 로마나 대제사장은 예수의 제자들이 예루살렘을 이처럼 활보하는 데도 침묵했을까? 앞에서 살펴보았듯이 예수는 로마에 반역한 죄로 죽었다. 그런데 그렇게 죽은 예수의 제자들이 예루살렘을 활보하는데 로마가 가만있었다고? 이건 보기에 따라서 아리마대 요셉이 요구하자 아무 말 없이 예수의 시신을 내어준 본디오 빌라도 이야기보다 더 황당하다.

먼저, 사도들이 부활한 예수를 전파하기 시작한 시점은 오순절, 그러니까 예수가 죽은 후 7주가 지나서라는 사실을 기억해야 한다. 해발 700미터인 예루살렘 인근 무덤 속은 서늘하기 때문에 7주가 지나도 시신이 썩지 않는다고 주장하는, 크레이그와 같은 사람도 있지만, 예루살렘의 더운 날씨를 고려할 때 7주면 시신이 썩어서 신원 확인 자체가 불가능하다고 보는 게 정설이다. 게다가 요한복음에 나오는 나사로는 어떠했던가? 죽은 지 고작 며칠 지나지 않았는데도 이미 썩어서 냄새가 난다고 하지 않던가?[64] 따라서 제자들이 예수의 부활을 선포할 때 설혹 로마와 대제사장의 손에 예수의 시신이 있었다고 하더라도, 이미 너무 부패해서 보여줄 수 없었을 것이다. 아니, 더 현실적인 이유는 이거다. 크레이그의 주장처럼 시신이 별로 썩지 않아서 로마가 예수의 시신을 보여줬다면 어떤 일이 벌어졌을까?

"이런, 예수님이 진짜 죽었네…."

---

64 "죽은 사람의 누이 마르다가 말하였다. '주님, 죽은 지가 나흘이나 되어서, 벌써 냄새가 납니다.'"(요한복음 11:39)

제자들이 이러면서 다시 갈릴리로 돌아갔을까? 전혀 아니다. 2019년 현재에도 여전히 최순실의 태블릿 피시를 JTBC가 조작했다고 믿는 사람은 적지 않다. 아무리 객관적 증거를 들이밀어도 그런 사람들은 요지부동이다. **이 세상에는 애초에 '증거'가 아무런 의미가 없는 사람들이 있다.** 종교와 정치와 관련해서 특히 더 그렇다는 것을 우리는 너무 잘 안다. 당시라고 달랐을까? 예수가 부활했다고 믿는 사람들에게는, 사실상 그에 반하는 어떤 증거가 나와도 별 의미가 없었을 것이다. 썩은 시체는 말할 것도 없고 생전 모습이 완벽하게 보존된 예수의 시체를 내밀었더라도 달라진 것은 없었을 것이다. 그때나 지금이나 맹목적 믿음을 가진 인간의 본질은 비슷하니까. 그러나 여기서 진짜 중요한 건, 로마나 대제사장이 예수의 시신을 보여주냐 못 보여주냐 식의 유치한 논쟁이 아니다. 사도행전이 그리는 초대 교회의 상황이 고작 몇 주 전 예수가 처형되던 당시와 비교해서 얼마나 달라졌는지를 살펴보는 게 중요하다. 사도행전 처음 몇 장을 보면 한마디로….

"예루살렘은 지금 난리가 났다!!"

베드로의 설교 한 번에 수천 명이 회개하고 세례를 받는 건 일부에 불과하다. 지금 서울과 같은 대도시를 생각하면 수천 명이 모이는 게 별것 아닐 수 있지만, 2,000년 전에 세계 각지에서 몰려든 수천 명의 군중이 예수의 제자들을 중심으로 예루살렘 중심가에서 집회를 연다고? 이게 과연 말이 되는 이야기일까? 여기서 우리는 예수가 왜 죽었는지를 한 번 더 상기할 필요가 있다. **예수는 정치적 이유로 죽었다.** 자신을 메시아, 왕이라고 했기 때문이다. 그리고 아마도 그의 죽음의 직접적 동기는 그가 성전에서 일으킨 소동, 장사꾼을 쫓아낸 그 사건 때문이었을 것이다. 예수가 일으킨 소동은 사실 사도행전 초반 제자들의 활동에 비하면 말 그대로, '찻잔 속의 태풍'이라는 말도 붙이기 쑥스러울 정도로 초라하기 이를 데 없다. 그런데도 로마는 가차 없이 예수를 죽였다!

그런데 얼마 지나지 않아 예수를 따르던 핵심 세력이 예수가 살아 있을 때와는 차마 비교도 안 될 정도로 활발하게 예루살렘을 휘젓고 다니는데, 로마가 손을 놓았다고? 로마의 입장에서 누가 더 위협적일까? 이미 죽은 예수일까, 아니면 그 예수가 살아났다고 주장하면서 나날이 더 세를 키워가는 제자들일까? 게다가 그들의 타깃은 단지 유대 땅에 사는 거주민이 아니라 로마제국 전체에 흩어진 디아스포라 유대인이었다. 로마가 제국 전체에 반역의 기운이 퍼져갈 수 있는 심각한 위협을 눈앞에서 보면서도 가만히 있었다고? 이런 납득하기 어려운 상황을 이해할 수 있는 길은 딱 하나뿐이다. 당시 예수 제자들의 세력이 거의 눈에 띄지 않을 정도로 작았다는 사실이다. 로마 입장에서도 굳이 건드려서 좋을 것 없는, 그냥 놔두면 알아서 사라질 정도의 미미한 세력이었다. 그래야 우리는 앞장에서 봤던 바리새인의 수장 가말리엘의 대응도 이해할 수 있다. 그가 뭐라고 말했던가?

"얘네들, 그냥 놔둬라…."

왜? 별거 아니니까….

1977년 사망한 팝의 황제 엘비스 프레슬리는 죽은 후에도 여러 사람에게 목격된 것으로 유명하다. 가장 최초의 목격은 그가 죽은 직후에 엘비스와 똑같이 생긴 사람이 멤피스 국제공항에서 엘비스가 생전에 호텔을 예약할 때 사용한 이름, 존 버로우Jon Burrows라는 이름을 쓰는 모습이었다. 또 1980년대 후반에는 미시간주 작은 동네 칼라마주에서 엘비스를 보았다는 여러 건의 보고가 접수되었다. 특히 유명한 건, 1990년 영화, 〈나 홀로 집에〉에 엘비스가 나왔다는 주장이다. 주인공 케빈의 어머니 역할을 맡은 캐롤라인 오하라가 항공사 직원과 논쟁을 벌일 때 그녀 왼쪽 어깨 뒤에 나온 사람, 터틀넥과 스포츠 재킷을 착용한 수염 난 사람이 엘비스라는 것이었다.[65] 엘비스가 살아났다고 주장하는 사람들이 그 외에도 적지 않았지만, 누구도 굳이 그들에게 어떤 제재를 가하지 않았다. 왜 거짓말을 하냐고 따지는 사람도 없었다. 왜? 굳이 그럴 필요가 없었기 때문이다.

사도행전 초반에 나오는 예수 제자들의 상황이 딱 그랬던 건 아닐까? 로마나 대제사장이나 굳이 건드릴 필요가 없었던 미미한 존재, 어차피 사람들이 잘 모르고 관심도 없는 그들을 굳이 유명하게 만들 필요가 없다고 판단했다는 게 가장 합리적인 결론이 아닐까? 그럼에도 여전히 한 가지 사실은 유효하다. **제자들이 변했다는 것**, 사도행전이 아무리 과장되게 묘사했다고 하더라도 그 점만은 인정해야 하지 않을까?

사도들이 백성에게 말할 때에 제사장들과 성전 맡은 자와 사두개인들이 이르러 예수 안에 죽은 자의 부활이 있다고 백성을 가르치고 전함을 싫어하여 …… 그들을 불러 경고하여 도무지 예수의 이름으로 말하지도 말고 가르치지도 말라 하니. …… **우리는 보고 들은 것을 말하지 아니할 수 없다 하니.**

(사도행전 4:1-2, 18, 20)

65 https://en.wikipedia.org/wiki/Elvis_sightings.

바로 이런 사실 때문에 제자들을 중심으로 한 초기 기독교 활동[66]의 영향력과 관계없이 N. T. 라이트는 여전히 이렇게 주장한다.

바로 빈 무덤과 예수의 출현이 서로 함께 초기 기독교 신앙의 발전을 설명해줄 만한 충분한 조건이 된다는 것입니다. 다시 말하지만 만약 예수가 육체적으로 부활했고, 그래서 빈 무덤을 남겨놓았을 뿐 아니라 부활 이후에 동산이나 다른 곳에서 나타나셨다면, 초기 그리스도인들이 그의 부활을 믿었을 뿐만 아니라 그 부활 이야기들을 왜 그런 방식으로 전했으며, 유대교의 기본적인 부활 신앙을 왜 이런 방식으로 대폭 수정하게 되었는지를 완벽하게 설명해준다고 생각합니다.[67]

정말 그럴까? N. T. 라이트의 말대로, 부활이 아니면 제자들의 변화 또는 초기 기독교 운동을 설명할 수 있는 다른 방법은 없는 걸까? N. T. 라이트의 이런 주장은 '빈 무덤'을 설명하는 길이 오로지 '부활'밖에 없다는 말과 별반 달라 보이지 않는다. 그러나 우리는 이미 앞에서 '빈 무덤'을 설명하는 다른 주장도 얼마든지 가능하다는 사실을 살펴보았다. 그건 여기서도 마찬가지다. 제자들의 변화를 설명하는 방법이 오로지 부활밖에 없을까? 다른 설명은 정말로 없는 걸까? 그전에, 근대에 들어서도 초기 기독교와 비슷한 급속한 부흥을 일군 종교 중에서도 가장 대표적인 모르몬교의 시작을 잠깐 살펴보자.

---

66   제자들은 기독교를 시작하지도 않았고, 기독교 활동을 한 것도 아니다. 그러나 여기서는 그냥 편의상 그렇게 부르겠다.
67   로버트 B. 스튜어트, 앞의 책, 66쪽.

조지프 스미스의 나이 14살이 되었을 때, 그 지방에서 일어난 열렬한 종교 부흥운동에 의한 심각한 종파적 분쟁으로 인해 고민하다가 어느 교회에 가입해야 할지를 알기 위해 마을에 있는 숲속에 들어가 기도하던 중에 찬란한 빛기둥이 하늘에서 내려오고 그 가운데 나타나신 하나님과 예수 그리스도가 공중에 서 계시는 모습을 시현으로 보았고 말씀을 들었는데, 이를 첫 번째 시현이라고 하며 1820년 이른 봄에 있었다. 그는 이 시현을 통해 하나님과 예수 그리스도께서 오늘날에도 살아계신다는 진리를 명백히 알게 되었고, 당시 어느 교회도 참된 하나님의 교리를 가르치고 있지 않았고, 참된 하나님의 교회를 회복할 선지자 역할을 하게 될 것이라고 하나님으로부터 임무를 받았다.

1823년 9월 22일 모로나이라는 천사의 계시와 가르침으로 인근의 구모라 언덕에서 지금 모르몬경의 원본인 금판을 발견했다. …… 1829년 5월 15일 모르몬경 번역 도중에 영광스런 부활체의 침례 요한이 하늘로부터 빛 가운데 방문하여 조지프 스미스와 올리버 카우드리에게 하나님의 이름으로 사람의 구원을 위한 복음의식을 합당하게 행할 수 있는 권세와 권능으로서 소신권이라고도 하는 아론 신권을 부여하였다고 한다.

얼마 후에는 초대 교회의 베드로, 야고보, 요한이 하늘로부터 그들에게 나타나 대신권이라고도 하는 멜기세덱 신권을 안수, 성임 받았다고 한다.[68]

신비한 체험을 한 조지프 스미스가 시작한 모르몬교는 말 그대로, 비약적인 발전을 거듭했다. 지금이야 연 4% 정도의 성장을 보이지만, 1830

---

68   https://ko.wikipedia.org/wiki/조셉_스미스_주니어.

년대에 시작한 모르몬교 교회는 초창기 매년 성장률 10%에서 25%라는 급속한 발전을 이어갔다.[69] 초창기 부흥 속도로만 볼 때는, 예수의 제자들 (또는 바울)이 일으킨 기독교 운동의 파급력과도 비교할 수 없을 정도로, 가히 폭발적이었다. 그럼 그 원인이 무엇일까? 조지프 스미스가 본 환상과 계시가 역사적 사실이었기 때문일까?

제자들의 변화와 초기 기독교의 발현을 부활 외에 설명할 길이 없다면, 모르몬교의 발현과 성장도 조지프 스미스의 신비한 경험이 '역사적 사실' 이기 때문이 아닐까? 게다가 날짜와 장소가 불확실한 부활에 비해, 조지프 스미스의 체험은 정확한 날짜와 장소는 말할 것도 없고 여러 증인까지 보유하고 있다. 그러나 N. T. 라이트는 결코 조지프 스미스의 체험을 역사적 사실이라고 인정하지 않을 것이다.[70] 그리고 모르몬교의 성장도 조지프 스미스 체험의 역사성과 연결하지 않을 것이다. 만약에 그렇다면, 부활에 대한 N. T. 라이트의 주장 역시 방대한 연구로 포장한 한낱 신앙고백일 뿐이다.

그러면 제자들의 변화를 설명하는 다른 대안은 전혀 없는 걸까? 여러 가지가 있지만, 그중 하나가 예수의 '빈 무덤'이다. 여기서 잠시만 '빈 무덤'이 역사적 팩트라고 가정하고, 다음과 같이 추론해보자. 만약에 '빈 무덤'에 대한 이야기가 제자들의 귀에 들어갔다면? 이미 갈릴리로 도망친

---

69 https://en.wikipedia.org/wiki/The_Church_of_Jesus_Christ_of_Latter-day_Saints_membership_history.
70 만약에 조지프 스미스가 받았다는 '금판'이 진짜로 있다면, N. T. 라이트의 생각도 바뀔 것이다. 그러나 조지프 스미스는 결코 금판을 제시하지 못했다. 그리고 금판을 목격한 객관적인 사람들도 없었다. 조지프 스미스가 발견한 금판이 지금 박물관에 보관되어 있다면, 아마 나부터 모르몬교에 대한 생각을 근본부터 바꿀 것 같다.

그들이 빈 무덤을 확인했을 가능성은 거의 없다. 그랬기에 마태복음 저자는 부활한 예수와 제자들의 상봉 장소로 갈릴리를 선택했다.[71] 그러나 생각해보자. 지도자가 반역죄로 처형을 당했는데, 그의 측근들이 처형 현장에서 여전히 서성거릴 수 있었을까? 따라서 제자들이 예루살렘을 떠나 갈릴리도 피신했을 가능성이 더 크다. 그렇다면 '빈 무덤' 소문을 들었을 때 제자들은 무슨 생각을 했을까? 그게 핵심이다.

베드로를 비롯한 다른 제자들이 보기에 예수가 유대 땅에 평화와 유토피아를 가져올 메시아였다면, 그들은 결코 스승의 시체가 도둑맞았다고 결론 내리지 않았을 것이다. 비록 살겠다고 예루살렘을 떠나 갈릴리로 피신했지만, 그런 결론은 그들에게 애초에 가능하지 않았다. 왜냐하면 가진 모든 것을 다 버리고 쫓던 예수가 그렇게 허무하게 죽을 리 없다는 믿음과 기대가 가슴 한구석에서 여전히 꿈틀거렸을 테니까. 그들이 지켜본 예수는 분명 메시아였고, 메시아의 동의어는 다름 아닌 승리자였다. 그런데….

"승리자가 죽었다고? …… 죽었을 리 없어. 메시아라면 그렇게 죽을 리 없어. 뭐라고? 지금 뭐라고 그랬어? 그런데 시체가 있어야 할 무덤이 비었다고?"

무덤이 비었다는 얘기를 들었을 때, 그들이 내린 결론은 단 하나였을 것이다.

"다시 살아나셨구나…."

---

71 그보다 뒤에 쓰인 누가복음 저자는 마가 다락방에서 있었던 '성령 체험'까지 고려했기 때문에 마태복음 저자와는 달리 제자들을 '강제로' 예루살렘에 남겨두었다.

어쩌면 제자들은 빈 무덤 소식에 죽음을 맛보지 않은 에녹과 엘리야 선지자를 생각했을지도 모르겠다. 이제 남은 건 스승이 애초에 히브리 성경⁽구약⁾이 예언한 대로 승리자의 모습으로, 진정한 메시아의 모습으로 다시 돌아올 때까지, 그날까지 예수가 메시아라는 사실을 전하는 것뿐이었다. 그들에게 굳이 부활한 예수의 몸을 눈으로 확인하는 것은 별로 중요하지 않았을 것이다.

그러나 아쉽게도 우리는 제자들의 변화를 설명하기 위해 가져온 이 '빈 무덤'의 가능성은 완전히 또 깨끗하게 접어야 한다. 그 이유는 다름 아닌, 이미 앞에서 살펴본 바울의 부활장 때문이다. 기억하자. 우리 손에 들린 부활에 관한 기록 중 그나마 '역사성'이라는 말을 붙일 수 있는 것은 바울의 기록, 부활장이 유일하다는 사실을. 앞에서도 몇 번 강조했지만, 만약에 제자들이 '빈 무덤'을 통해 부활을 확신하고 믿었다면, 바울이 부활장에 기록한 초기 기독교 전승에 그 내용이 빠질 리 없다! 우리는 이미 바울이 부활장에 쓴 내용을 초기 기독교인이 암송한 신경이라고 추정하는 학자들의 주장도 살펴보았다. 그렇다면 그건 누가 만들었을까? 둘 중 하나다. 제자들이 아람어로 쓴 내용을 누군가가 헬라어로 바꿨거나 아니면 애초에 바울이 만들었거나. 어떤 경우가 되었든지 빈 무덤이 거기서 빠지는 것은 상상하기 힘들다. 최소한 아래에 내가 추가한 괄호 정도는 있는 게 자연스럽지 않을까?

성경대로
장사 지낸 바 되셨다가
성경대로

(빈 무덤을 남기고) 사흘 만에 다시 살아나사

게바에게 보이시고

후에 열두 제자에게와

그 후에 오백여 형제에게 일시에 보이셨나니

그 후에 야고보에게 보이셨으며

그 후에 모든 사도에게와

부활장에 '빈 무덤'이 없다는 점은 적지 않은 정통 신학자에게도 심각한 문제다. N. T. 라이트는 다음과 같이 변명(?)하지만, 전혀 충분하지 않다. 중요한 문제를 N. T. 라이트처럼 두루뭉술하게 처리하는 건 말이 되지 않기 때문이다. 아무것도 아닌 것처럼 무시한다고 문제가 사라지는 게 아니니까.

복음서 기사들 속에서 아주 두드러지게 부각되고 있는 빈 무덤 자체가 이 본문(부활장)에서는 구체적으로 언급되고 있지 않다는 사실은 **별로 중요치 않다.** 여기서 "장사되었다가 다시 살아나셨다"라는 언급은 마치 "내가 거리를 따라서 걸었다"라는 말을 "내가 내 발로"라는 수식어로 보충할 필요가 없는 것과 마찬가지로 더 이상 보충을 필요로 하지 않는다.[72]

빈 무덤이 갖는 함의가 '몸 부활'이라면, 라이트가 말하는 '내가 내 발로'와는 차원이 다르다. '몸 부활'이 가지는 신학적 중요성을 생각한다면,

---

부활, 역사인가 믿음인가?

158

N. T. 라이트가 이렇게 간단하게 넘어가서는 안 되는 문제다. 만약에 바울에게 부활이 '몸 부활'이었다면, 그는 빈 무덤을 부활장에 언급하는 것은 말할 것도 없고, 예루살렘을 방문했을 때도 아마 가장 먼저 제자들과 함께 빈 무덤부터 찾았을 것이다. 당연히 그랬을 것이다. 그런데 바울이 유일하게 예루살렘 방문을 기록한 갈라디아서에 거기에 대한 기록은 없다. 바울이 기록한 어떤 서신서에도 빈 무덤에 대한 언급조차 없다. 이런 현실을 도무지 받아들이기 힘든 크레이그는 바울이 빈 무덤을 방문했다는 과감한 주장을 하기도 한다.

무덤이 비어 있는 상태에서 바울이 2주 동안 기독교 공동체와 자주 접촉하는 동안 빈 무덤에 관한 어떤 말도 결코 듣지 않았다고는 도저히 상상할 수 없습니다. 실제로 바울은 2주간 예루살렘에 머물면서 주님이 계셨던 곳을 방문하기를 원했을 거라고 상상하는 게 어렵습니까? 평범한 인간의 감정으로 너무나 당연한 거 아닙니까? 그래서 나는 바울이 빈 무덤을 받아들였을 뿐 아니라, 실제로 빈 무덤을 방문해서 확인했을 가능성이 높다고 생각합니다.[73]

그러나 나는 전혀 생각이 다르다. 바울이 '빈 무덤'에 대해서 들은 적도 없지만, 설혹 들었다고 해도 아무런 의미가 없었을 것이라고 확신한다. 빈 무덤이 사실이라고 해도 그는 거기에 대해서 기록할 필요 자체를 못 느꼈을 것이다. 바울에게 예수의 부활은 어디까지나 육체와 철저하게 구분되

---

73 https://www.reasonablefaith.org/writings/scholarly-writings/historical-jesus/the-historicity-of-the-empty-tomb-of-jesus/.

는 영혼 부활이었고, 그것은 제자들도 동일했을 것이다. 제자들도 예수의 무덤이 비었든지 아니든지는 별 관계가 없었을 것이다. 어느 날 돌아가신 아버지가 눈앞에 나타난다면, 나는 당연히 아버지의 영혼이라고 생각하지 몸이 살아났다고 생각하지 않을 것이다. 아버지가 묻힌 곳으로 달려가서 무덤을 파지는 않을 것이다. 내게 아버지의 무덤이 비었는가 아닌가는 전혀 관심의 대상이 아니다. 그건 누구라도 다르지 않다. 원점으로 돌아가서 다시 같은 질문을 던지자.

"그렇다면 제자들이 부활을 확신하고 믿은 이유는 도대체 무엇이었을까? 무엇이 그들을 180도로 바꾸었을까?"

가장 많이 언급되는 가설이 '환상'이다. 게다가 바울이 쓴 부활장을 보면, 제자들도 바울과 비슷한 수준의 환상을 본 것이 가장 타당해 보인다. 그러나 변증학자들은 무엇보다 '집단 환상'이 의학적으로 불가능하다는 이유를 들며 반대한다.[74] 물론, '집단 환상'과 '부활' 사이에서 무엇이 더 의학적으로 가능한지는 사람에 따라서 의견이 다르겠지만.

그럼 '환상 가설' 외에 다른 가능성은 없는 걸까?

심리적 이유, 즉 인지 부조화cognitive dissonance가 있다. 그리움과 죄책감 그리고 절망감에 젖은 제자들이 그 감정을 상쇄하려고 스승이 부활했다는 새로운 주장을 만들었을 것이라는 추측이다. 굳이 환상 같은 신비한 체험이 없어도 사람은 자기 합리화만으로도 얼마든지 인생 전체를 바칠 수 있으니까. 그런 사례는 지금도 우리 주변에 널려 있다. 지난 2,000년간 예수의 재림을 예고하고 기다렸던 종파는 전 세계적으로 적은 숫자가 아니

74　한 사람이 아닌 집단이 성모 마리아를 환상 중에 만났다는 증언은 오늘날에도 계속되고 있다.

다.[75] 우리나라만 해도 가장 잘 알려졌던, 1992년 10월 예수가 다시 온다면서 생계를 포기하고 하늘만 쳐다보던 '다미 선교회'가 있었다.

'다미선교회'는 1992년 10월 28일 자정 휴거가 온다고 주장했던 사이비단체다. 그날 당연히 휴거는 일어나지 않았고, 다미선교회 전국 173교회 8,000여 명의 신도들은 충격에 빠졌다. 당시 이들은 자살하거나 직장을 사직하고, 학생들은 학업을 중단했으며 가출하는 사태도 이어졌다. 휴거가 일어나지 않은 후 이들은 대부분 일상으로 돌아갔다고 한다. 그러나 **아직도 일부에서는 날짜를 계속 수정해 가며 사람들을 미혹하고 있다**고 이 언론은 밝혔다. …… 이장림은 1993년 출소 후 새로운 삶을 살겠다며 '이답게(사람답게라는 뜻)'로 개명했고, 서울 서교동에 새하늘교회를 설립했다고 한다. 그러다 2003년 건강상 이유로 활동을 접었지만, 2018년 8월 **신도들 요청으로** 다시 다미선교회 본부가 있던 성산동에 C교회를 세우고 설교를 시작했다.[76]

이답게 목사에게 설교를 요청한 사람들이 누굴까? 애초에 1992년 휴거를 기다렸던 사람들일 가능성이 크다. 상식적으로 생각하면 사기꾼 목사를 떠나는 게 답인데, 사람들은 여전히 그를 필요로 하고 또 일부는 수정된 휴거 날짜까지 믿으면서 계속 따른다. 자기 합리화의 전형적인 모습이다. 이들의 경우에 가장 전형적인 자기 합리화는 이런 거다.

---

75 "그 사람들이 생계를 다 포기하고, 또 전 재산까지 바치고 그렇게 재림을 기다린 이유가 뭘까? 그들을 그렇게 바꾼 게 뭘까?" 이런 질문은 사실 "예수의 제자들을 바꾼 게 도대체 뭘까?"라는 질문과 전혀 다르지 않다.

76 http://www.christiantoday.co.kr/news/258935.

"원래 그날 예수님이 오시기로 했어. 그런데 우리 인간이 너무 죄악이 많은 거야. 그리고 무엇보다 그날 오시면 지옥 갈 인간들이 너무 많은 거야. 그래서 예수님이 우리에게 시간을 좀 더 주시기로 하셨지. 인간을 너무 사랑하셔서 말이야. 우리는 실망할 게 아니라 오히려 감사하는 마음으로 더 전도에 힘써야 해."

대부분 사람은 자신이 틀렸다는 사실을 견디지 못한다. 틀린 것을 인정하기보다는 틀렸다는 생각이 들 때마다, 그것을 삭제하고 살아가는 데 훨씬 더 익숙하다. 불발로 끝난 재림에 실망하는 대신, 자기 합리화를 통해 더 힘차게 재기하는 사람들과 2,000년 전 제자들이 크게 다르지 않았을지 모른다. 제자들도 얼마든지 불편한 진실과 편안한 거짓말 사이에서 기꺼이 후자를 선택했을지도 모른다. 무엇보다 인간의 두뇌가 자기 합리화를 통해 후자를 진실로 믿고 안주하는 방향으로 작용한다. 그래서 제자들은 스승이 살아 있을 때보다 어쩌면 더 열정적으로 '예수가 메시아다'라고, 비록 육체라는 껍데기는 십자가에서 죽었지만 진짜 예수는 죽지 않았다는, 그런 메시지를 전했을지도 모른다. 굳이 신비한 체험이 없더라도 말이다. 그렇다면 '제자들의 변화'를 설명하는 데 어떤 주장이 가장 가능성이 높을까? 그런데 이 질문을 던지기 전에 한 가지 꼭 짚고 넘어갈 점이 있다.

"제자들이 정말로 변했을까? 그래서 그들이 보통 기독교인이 아는 대로 정말로 다 순교했을까?"

폴란드 소설가 헨리크 센키에비치의 원작을 바탕으로 만들어진, 로버트 테일러가 주연한 1951년 영화, 〈쿼바디스〉에서 많은 사람이 가장 감동적으로 꼽는 장면을 떠올려보자.

서기 64년 10월 중순 어느 오후, 베드로는 사람들의 눈에 띄지 않게 로마를 빠져나가고 있었다. 그때 베드로에게 예수가 나타난다.

"주님, 어디 가십니까?(쿼바디스, 도미네?)"

베드로에게 던진 예수의 대답은 가히 충격적이다.

"십자가에 죽으려고 로마로 간다."

"아니, 십자가에 또 달리신다고요?"

"그래, 베드로야, 네가 버린 로마를 위해서 내가 십자가에 다시 달리려고 지금 가는 길이다."

그다음 이야기는 모두가 다 알고 있다. 발걸음을 돌려 로마로 되돌아간 베드로는 차마 스승과 같은 모양으로 죽을 수 없다며 거꾸로 십자가에 달렸고, 죽을 때에 기쁨으로 찬양했다고 한다.

신약성경에 전혀 기록되지 않은 이 이야기는 도대체 어디에 나오는 걸까? 원작자인 헨리크 센키에비치는 어디서 이런 이야기를 발견했을까? 100% 창작인 걸까? 베드로의 순교 이야기는 서기 150년에서 200년 사이에 쓰인, '베드로복음서'처럼 성경으로 인정받지 못하고 위경으로 불리는 '베드로행전'에 나온다. 위경이라면 고개를 흔드는 대부분 기독교인이 유독 베드로 순교 기록만은 역사적 사실이라고 생각하는 것을 어떻게 이해해야 할까? '베드로행전'을 보면 베드로는 십자가에 매달린 채, 숨을 거두기 전 요한복음에 등장하는 예수의 기도[77]에 버금가는 길고 장엄한 신앙고백을 한다. 당연히 이런 반응이 나올 수 있다.

"보라고요, 베드로 사도가 이렇게 순교한 건 그가 부활을 목격했기 때

문이 아니겠어요? 그게 아니라면, 베드로 사도가, 예수님을 세 번이나 부인했던 그가 어떻게 이렇게 바뀔 수 있었겠어요?"

그런데 정말로 베드로가 십자가에 거꾸로 매달려서 순교했을까? 그것도 로마에서? 로마 시민권을 가졌다는 바울조차도 오매불망 가고 싶어 했던 그 로마에서? 십자가에 매달려서는 요한복음에 나오는 예수보다 더 긴 기도까지 하면서? 기독교에서 열두 사도가 다 순교했다는 것은 매우 중요한 사실이다. 주님과 3년을 함께 보냈을 뿐 아니라 부활과 승천을 목격한 그들이 주를 위해 목숨을 아끼지 않았다는 사실보다, 부활의 역사성을 더 잘 증명하는 증거가 없기 때문이다. 자, 다시 물어보자. "예수의 제자들이 정말로 순교했을까?" 이 질문에 대한 답은 이것이다.

"Nobody knows 아무도 모른다…."

초기 기독교를 연구하는 캔디다 모스[78]는 이렇게 말한다.

사도들의 순교와 관련한 가장 큰 문제는 순교 이야기가 역사적 사실이 아니라 전설이라는 데 있다. 사도들의 죽음을 담은 기록들, 사도들의 이름을 가진 다양한 '행전들'은 다 최소한 사도들이 죽고 나서 몇백 년이 지나서 쓰인 것이다. 가장 초창기 외경인 베드로행전, 바울행전, 도마행전, 안드레행전, 그리고 요한행전은 다 2세가 그리스 로맨스 소설의 영향을 받으며 쓰인 글이다. 핵심은 이것이다. 우리는 사도들의 순교 여부는 아예 말할 것도 없고,

---

78 캔디다 모스Candida R. Moss(1978년 11월 26일 출생)는 버밍엄대학교의 신학 및 종교학과 에드워드 캐드버리The Edward Cadbury 교수다. 옥스퍼드대학교와 예일대학교를 졸업한 모스는 신약성경 연구와 초기 기독교 순교를 연구했다. 미국 노트르담대학교에서 종교학과 교수를 역임했고, CBS 뉴스에 교황 관련 자문역 외에도 텔레비전 시리즈, '더 바이블The Bible'의 컨설턴트로 참여했다.

그들이 어떻게 죽었는지 전혀 알 수 없다는 것이다. 사도 베드로와 바울의 순교와 관련해서는 6세가 끝나기 전까지 무려 15가지의 다른 이야기가 생겨났다. 베드로의 죽음을 가장 먼저 다룬 '베드로행전'도 학자들은 2세기 끝자락에 쓰였다고 생각한다. 베드로의 죽음에 관해서는 다른 기독교 문서에도 기록이 있는데, 최초의 교부로 인정받는 로마의 클레멘트는 2세기가 시작되는 즈음에 이런 기록을 남겼다.(클레멘트가 고린도교회에 보내는 첫 번째 서신) 베드로가 기독교인이라서 죽은 게 아니라 '시기심' 때문에 죽임을 당했다고. …… 이런 상황을 종합해서 볼 때, 사도들의 죽음은 기독교와 부활의 진실성, 나아가서 예수 생전 사역의 진실성을 증명하는 도구로 사용되어서는 안 된다.[79]

교회에서 흔히 알려주는 사도들의 순교는 다음과 같다.
안드레는 X자형 십자가에 달려 순교했다.
빌립은 기둥에 매달린 채 찢겨서 순교했다.
바돌로매는 거꾸로 십자가에 달려 순교했다.
도마는 군인의 창에 맞아 순교했다.
마태는 참수형으로 순교했다.
알패오의 아들 야고보는 성전 꼭대기에서 떨어져서 순교했다.
시몬은 참수당해서 순교했다.
다대오는 활에 맞아 순교했다.
맛디아는 돌에 맞아 순교했다.

---

79   Candida Moss, *The Myth for Persecution*(HarperOne, 2013), 136~137쪽.

이 모든 이야기가 역사적 기록이 전혀 없는, 근거 없는 전설에 불과함에도, 그로부터 무려 2,000년이 지난 지금까지도 많은 사람이 역사라고 믿는 이유는 무엇일까?

기독교인이 순교 이야기를 만들어내는 이유는 그것처럼 확실한 도구가 없기 때문이다. 초기 기독교인들은 하나님과 특별한 관계를 가진 사람들로 성자들을 존경했다. 따라서 그들이 하나님을 위해 죽을 준비가 되어 있다는 사실을 강조하는 것보다, 그들의 믿음이 신실하고 진짜라는 사실을 잘 드러내는 것은 없었다. 그런 측면에서 순교자는 초기 교회에 가장 중요한 대변인이 되었다. …… 또 순교자가 이단을 부정하는 말을 했다는 사실을 알리는 것처럼 이단에 방부제 역할을 하는 것도 없었다.[80]

예수의 죽음 후 제자들에 관한 믿을 수 있는 기록이 전무하다는 면에서, 그들이 부활한 예수를 만나서 변했다고 결론 내리기에는 무리가 따른다. 게다가 모순이 너무 많은 복음서 기록을 100% 역사로 받아들이는 것도 한계가 있다. 바로 그 점 때문에, '빈 무덤'에 관한 이야기를 듣고 제자들이 변했다고 생각하기 어렵게 된다. 그렇다고 제자들이 바울과 같은 환상을 집단적으로 경험했다고 보기도 마냥 억지스럽기만 하다. 그럼 제자들이 인지 부조화를 겪은 걸까? 나는 결코 예수의 제자들이 인지 부조화를 겪은, 자기 합리화에 빠진 비참한 존재라고 생각하지 않는다. 제자들이 나중에 순교했는지 아니면 천수를 누리고 죽었는지는 알 수 없지만, 그들

---

80 위의 책, 19쪽.

과 관련해서 가장 큰 가능성은 이것이다.

"제자들은 조금도 바뀌지 않았다! 애초에 그들은 바뀔 게 없는 사람들이었다!"

제자들이 부활의 증거가 된 데는 한 가지 전제가 있었기 때문에 가능했다. 그건 바로 복음서가 그리는 제자들의 모습, 한마디로 모자라기 그지없는 제자들의 모습이 역사적 사실이라는, 바로 그 전제다. 예수로부터 무려 3년에 걸쳐서 밤낮없이 배우고 또 배웠지만, 여전히 십자가의 진리를 깨닫지 못하는, 영적으로 완전히 눈먼 사람들이 바로 제자들이라는 것, 예수를 세 번씩이나 배반한 베드로처럼 다른 제자들도 스승을 두고 줄행랑을 치는 데에 바쁜 그런 평범한 사람들이 바로 제자들이라는 것. 만약에 그들에 관한 이런 복음서의 내용이 전혀 사실이 아니라면?

"그들은 애초에 바뀔 게 없는 사람, 처음부터 끝까지 스승과 함께 생명을 걸고 싸웠던 사람들이 된다."

예수는 세례자 요한으로부터 세례를 받았고[81] 그가 잡히자 본격적인 사역을 시작했다. 복음서 저자들을 가장 곤혹스럽게 했을 뿐 아니라, 후대 수많은 성경학자를 힘들게 한 예수에 관한 역사적 진실, '세례자 요한으로부터 받는 세례'는 예수가 세례자 요한의 제자라고 생각하면 전혀 문제가 될 게 없다.(물론 보수전통 신학자들에게야 문제가 되는 정도가 아니라 경천동지할 일이겠지만) 따라서 스승 세례자 요한이 잡히자 스승이 외치던 메시지를 제자 예수가 이어서 외치는 것도 조금도 이상하지 않다.

---

81   보다 자세한 내용은 옥성호, 『야고보를 찾아서』 '세례요한' 장을 참조하라.

세례자 요한이 나타나서, 유대 광야에서 선포하여 말하기를 "회개하여라. 하늘 나라가 가까이 왔다" 하였다.

(마태복음 3:1-2)

세례자 요한은 정치적 이유로 죽었다.

헤롯은 반란을 기다려 어려운 상황 속에 휘말려 들어가고 뒤늦게 자신의 실수를 깨닫기보다는 세례자 요한의 행위가 반란으로 이어지기 전에 그를 제거하는 것이 낫겠다고 마음먹게 되었다. …… 헤롯의 의심으로 인해 요한은 막케루스에 감금되었으며 …… 거기서 처형되었다.[82]

그가 사형당한 뒤 예수는 더 본격적으로 활동하기 시작했다. 그건 예수에게 부활한 세례자 요한이 나타났기 때문이 아니었다. 스승이 외치던 메시지가 실현되지 않은 채 스승이 떠나자, 제자가 이어서 더 힘차게 외친 것뿐이다. 스승이 외쳤던 바로 그 메시지를.

요한이 잡힌 뒤에, 예수께서 갈릴리에 오셔서, 하나님의 복음을 선포하셨다. "때가 찼다. 하나님의 나라가 가까이 왔다. 회개하여라. 복음을 믿어라."

(마가복음 1:14-15)

예수의 제자들도 그랬던 건 아닐까? 세례자 요한이 죽고 예수가 그를

---

82   존 도미닉 크로산, 앞의 책, 75쪽(요세푸스의 『유대고대사』 재인용).

이었듯이, 예수가 죽자 그들도 스승을 이어서 같은 메시지를 외친 것은 아닐까? 그들에게는 애초부터 예수의 부활 여부가 핵심이 아니었고, 중요한 건 예수가 메시아이고 그가 조만간 다시 와서 이 세상에 유토피아를 세울 것이라는 믿음이 아니었을까? 가족과 직업까지 다 버리고 스승의 대의에 따랐던 그들이 막판에 스승을 버리고 도망간다고? 로마에 대항해서 싸우는 반로마 중심지인 갈릴리 출신인 그들이? 제자들이 변한 게 아니라 애초에 스승의 유지를 이어서 '임박한 종말'을 외친 사람들이라고 생각하면, 나중에 바울과 겪은 심각한 갈등도 이해할 수 있다. 왜냐하면 그들은 스승과 마찬가지로 철저한 바리새파 유대교인이기 때문이다. 갑자기 나타난 바울이 유대교의 핵심을 부정하는 데 그와 갈등이 없었다면, 그거야말로 더 이상한 게 아닐까? 바울은 바울대로 영적으로 완전히 탈바꿈한, 인간의 껍질을 벗은 예수를 만난 자신이 고작해야 인간 예수에게 배운, 그것도 무식하기 이를 데 없는 제자들보다 조금도 못 할 게 없다고 생각한 것도 자연스러워진다.

복음서가 그리는 제자들의 모습이 역사적 진실이 아닐 가능성이 크다는 것은, 그들이 확 바뀌었다고 주장하는 사도행전을 통해서도 알 수 있다. 일단 사도행전은 한 사람이 썼다고 보기 힘들 정도로 많은 모순이 있다. 바울이 다마스쿠스 도상에서 예수를 만나는 장면은 무려 세 번이나 나온다. 먼저 처음 두 번의 내용을 살펴보자.

그와 동행하는 사람들은 소리는 들었으나, 아무도 보이지는 않으므로, 말을 못하고 멍하게 서 있었다.

(사도행전 9:7)

나와 함께 있는 사람들은, 그 빛은 보았으나, 내게 말씀하시는 분의 음성은 듣지 못하였습니다.

(사도행전 22:9)

완전히 상호 모순되는 이야기를 한다. 9장은 빛 때문에 아무것도 보이지 않았고 소리만 들었다고 하는데, 22장에 가서는 빛은 보았으나 소리는 듣지 못했단다. 도대체 이런 모순을 어떻게 받아들여야 할까? 바울이 직접 증언하는 세 번째 서술은 더 황당한 이야기를 담고 있다.

임금님, 나는 길을 가다가, 한낮에 하늘에서부터 해보다 더 눈 부신 빛이 나와 내 일행을 둘러 비추는 것을 보았습니다. 우리는 모두 땅에 엎어졌습니다. 그때에 **히브리 말로** 나에게 '사울아, 사울아, 너는 어찌하여 나를 핍박하느냐? **가시 돋친 채찍을 발길로 차면, 너만 아플 뿐이다**' 하고 말하는 음성을 들었습니다.

(사도행전 26:13-14)

아마도 사도행전 저자는 바울이 히브리어에 능통하다는 사실을 말하고 싶어서 예수가 굳이 히브리어를 썼다고 적은 것 같다. 그러나 예수는 생전에 히브리어를 쓰지 않고 아람어를 썼다. 복음서에 종종 등장하는 '달리다굼', '엘리 엘리 나마 사박다니' 등이 바로 예수 당시 유대 땅에서 사람들이 쓰던 아람어다. 그런데 정말로 이해할 수 없는 부분은 예수가 히브리어로 말했다는 이야기다.

바울이 환상 중에 만난 예수는 차마 상상하기 어려운 말을 그에게 한다. 사도행전 26장 14절을 보자.

우리는 모두 땅에 엎어졌습니다. 그때에 **히브리 말로** 나에게 '사울아, 사울아, 너는 어찌하여 나를 핍박하느냐? **가시 돋친 채찍을 발길로 차면, 너만 아플 뿐이다.**'

(사도행전 26:14)

가시 돋친 채찍을 뒷발질해봐야 너만 다칠 뿐이다. 도대체 이게 무슨 말일까? 아리송하기 이를 데 없는 말이다. 이 말은 기원전 5세기 마케도니아의 유명한 극작가인 에우리페데스Euripides(?~406bc)의 비극인 〈더 배키The Baccahe〉에 나오는 구절이다. 예수가 바울을 꾸짖는 것과 마찬가지로 〈더 배키〉에서도 디오니수스Dionysus 신이 펜데스Pentheus의 왕인 테베Thebes를 꾸짖는다. 예수가 나타나서 그리스 속담을 사용해서 바울을 꾸짖는다? 이걸 어떻게 이해해야 할까? 그리스는 당시 유대 문명을 말살하지 못해 안달이 난, 사실상 로마보다 유대 민족의 더 큰 적이었다. 일제 강점기 당시 백범 김구 선생이 만주 사관생도였던 박정희의 꿈에 나타나서 우리나라 사람은 전혀 모르는 일본 속담으로 박정희에게 가르침을 준다? 이게 말이나 될까?[83]

이처럼 사도행전은 도저히 이해할 수 없는 이야기로 차고 넘치지만, 바울과 관련해서 한 가지만 더 살펴보자. 다마스쿠스에서 예수를 만난 후

---

83 옥성호, 『야고보를 찾아서』, 78~79쪽.

바울의 다음 행적이다. 사도행전은 바울이 즉시 예루살렘으로 가서 예수의 제자들을 만나려고 했다고, 그런데 제자들이 무서워서 그를 피했다고 썼다.

> 사울이 예루살렘에 이르러서, 거기에 있는 제자들과 어울리려고 하였으나, 그들은 사울이 제자라는 사실을 믿을 수가 없어서, 모두들 그를 두려워하였다.
>
> (사도행전 9:26)

그런데 정작 바울 본인은 뭐라고 썼던가? 그는 굳이 제자를 만날 필요를 전혀 느끼지 못했기에 아라비아로 갔고, 무려 3년이나 지나서야 예루살렘으로 갔다고 썼다.

> 그 아들을 이방 사람에게 전하게 하시려고, 그를 나에게 기꺼이 나타내 보이셨습니다. 그 때에 나는 사람들과 의논하지 않았고, 또 나보다 먼저 사도가 된 사람들을 만나려고 **예루살렘으로 올라가지도 않았습니다.** 나는 곧바로 아라비아로 갔다가, 다마스쿠스로 되돌아갔습니다. 삼 년 뒤에 나는 게바를 만나려고 예루살렘으로 올라갔습니다.
>
> (갈라디아서 1:16-18)

바울과 관련한 이야기 외에도 사도행전을 신뢰하기 힘든 가장 큰 이유는 단연 저자가 그리는 베드로와 유대인의 모습이 확인된 역사적 사실과 조금도 일치하지 않기 때문이다. 사도행전은 초반부 내내 예수를 죽인 건 로마가 아니라 유대인이라는 점을 강조한다. 그것도 다른 사람이 아닌, 예수의 제자인 베드로의 입을 통해서 말이다. 이건 결코 간단하게 다룰 문제가 아니지만, 여기서는 한 가지만 짚고 넘어가자. 지금까지 몇 번이나 말하지만, 아무리 강조해도 지나치지 않다.

"예수는 정치적 이유로 죽었다!"

복음서는 예수의 재판 장면에서도 어떻게든 예수를 비정치적 인물, 그러니까 반로마와 관계없는 인물로 만들려는 시도로 시종일관 예수가 '신성모독'으로 죽은 것처럼 포장했다. 앞에서 살펴본 구절을 다시 보자. 대제사장이 예수를 심문하는 장면이다.

> 대제사장이 예수께 물었다. "그대는 찬양을 받으실 분의 아들 그리스도요?" 예수께서 말씀하셨다. "내가 바로 그이오. 당신들은 인자가 전능하신 분의 오른쪽에 앉아 있는 것과 하늘의 구름을 타고 오는 것을 보게 될 것이오." **대제사장은 자기 옷을 찢고 말하였다. "이제 우리에게 무슨 증인들이 더 필요하겠소?"**
>
> (마가복음 14:61-63)

대제사장이 옷을 찢은 것은 예수가 신성모독을 했기 때문이다. 정말로 그렇다면, 대제사장은 예수를 본디오 빌라도에게 데려갈 이유가 전혀 없다. 스데반을 죽이듯이 돌을 던져 죽이면 끝나는 문제였다. 유대인은 스데반을 빌라도에게 데려가지 않았다. 로마는 유대의 종교 문제에 관해서 간섭하지 않았다. 그건 로마제국의 통치원칙 중 하나였다. 그러나 복음서 저자들의 은폐 노력에도 불구하고 예수가 십자가에서 죽은 것만은 바꿀 수 없었다. 달리 말해서 본디오 빌라도가 나올 수밖에 없었다는 것이다. 중요한 역사적 사실은 이것이다. 십자가 처형은 로마의 고유한 방식이었고, 그것도 오로지 반역죄인만 집행하는, 가장 잔인한 사형 방식이었다. **신성모독과 십자가는 아무런 관계가 없다.** 신성모독의 경우 돌로 쳐서 죽인다. 그런데 그 누구보다 그런 사실을 가장 잘 알고 있을 제자 베드로가 설교 내내 유대인을 향해서 "예수를 너희가 죽였잖아~"라고 외친다는 게 사도행전의 내용이다.

> 너희가 법 없는 자들의 손을 빌려 못 박아 죽였으나. ······ 그런즉 이스라엘 온 집은 확실히 알지니 너희가 십자가에 못 박은 이 예수를 ······ 너희가 거룩하고 의로운 이를 거부하고 도리어 **살인한 사람을 놓아주기를 구하여** 생명의 주를 죽였도다. ······ 너희와 모든 이스라엘 백성들은 알라 너희가 십자가에 못 박고 ······ 너희가 나무에 달아 죽인 예수를 우리 조상의 하나님이 살리시고.
> (사도행전 2:23, 36; 3:14-15; 4:10; 5:30)[84]

복음서가 유대 민족을 '예수 살인자'로 만들기 위해 취한 다양한 시도 중에서도 가장 사악한 것은 사도행전 저자가 베드로의 입을 통해서 '살인한 사람'이라고 칭한 바라바라는 가공인물을 만든 것이다. 마태복음 저자는 예수를 살리고 싶었던 본디오 빌라도가 유월절에 죄수를 하나 풀어주는 관습에 따라 바라바와 예수 사이에서 누굴 살릴지 여부를 유대 민족에게 선택하도록 했다는 이야기를 썼다.

---

84   이런 질문이야말로 가장 합리적이다. "아니, 베드로 왜 그래? 예수가 죽어야 구원이 오는 거잖아? 예수는 죽으려고 왔잖아? 그럼 유대인에게 감사를 해야지, 왜 비난을 하는 거야?"

명절 때마다 총독이 무리가 원하는 죄수 하나를 놓아주는 관례가 있었다.

(마태복음 27:15)

조금만 상식을 가지고 이 상황을 바라보자. 유월절을 포함해서 명절 때마다 로마가 죄인을 하나씩 풀어주는 관습이 있었다고? 그러면 1년에 3명씩[85] 풀어주는 셈이다. 일단 이런저런 것을 다 떠나서, 유월절이 무슨 명절인지를 생각해보자. 유월절은 애굽으로부터 독립을 축하하는, 일종의 독립기념일이다. 그랬기에 다른 때는 몰라도 유월절에는 주력 부대를 예루살렘에 집결할 정도로, 유대 땅에 주둔한 로마군은 초비상사태에 들어갔다. 평소에는 가이사라에 머무는 본디오 빌라도도 유월절이면 예루살렘에 머물렀다.

본디오 빌라도가 관장하는 본부는 예루살렘에서 약 60마일 떨어진 가이사랴에 있었지만 매년 순례자들의 큰 무리가 모여 각별한 치안이 필요한 축제 기간이면, 그는 매년 세 번씩 대규모의 군대와 함께 예루살렘에 왔다. 예수가 체포되었을 때 본디오 빌라도가 예루살렘에 있었던 이유다.[86]

예수가 성전 소동으로 체포된 이유도 로마가 특별히 치안 관리에 들어가는 유월절이라는 비상시기와 연결해서 생각하면 더 쉽게 이해할 수 있다. 만약에 예수가 유월절이 아닌 평상시에 비슷한 소동을 일으켰다면, 체

---

85 유대의 3대 명절은 유월절, 칠칠절(맥추절, 오순절) 그리고 초막절(장막절, 수장절)이다.
86 Hyam Maccoby, *Revolution in Judaea*(Taplinger Publishing Co, 1981), 43쪽.

포되지 않고 그냥 넘어갔을 가능성이 훨씬 더 컸을 것이다. 그런데 진짜 놀라운 이야기는 이것이다. 뭐라고? 다른 때도 아닌, 독립을 축하하는 유월절에 로마가 죄인을 한 명 풀어주는 관습이 있다고? 아니, 세상에 이렇게 착하고 자비로운 지배국이 다 있다니…. 1919년 삼일절 운동이 일어난 이후, 일본이 매년 3월 1일에 조선인이 원하는 죄수를 한 명씩 풀어준다는 게 말이나 될까? 조선인이 원하는 독립 운동가를 총독부가 매년 한 명씩 풀어준다는 걸 상상이나 할 수 있을까?

개방적인 사면 관습, 곧 유월절 축제 기간에 사람들이 누구를 사면하라고 요구하든 그를 풀어주는 식의 개방적인 사면 관습은 모든 행정상의 지혜와는 어긋난다는 점이다. 예를 들어, 당시보다 10년쯤 뒤에 집필한 필로는 너그러운 총독들이 축제일을 맞아 십자가에 못 박힐 범죄자들을 위해 베풀었던 일에 대해서 기록하고 있는데, 총독들은 축제가 끝날 때까지 처형을 연기시킬 수 있었고, 또는 처형된 자를 그의 가족이 매장할 수 있도록 허가할 수 있었다. 그러나 요구에 따라 형 집행을 취소하는 것(방면)에 대해서는 전혀 언급하고 있지 않다.[87]

마태복음 저자는 도대체 어디서 이런 기발한 아이디어를 얻은 걸까? 가장 중요한 사실은 이것이다. 유월절에 죄인을 한 명 풀어주는 관습은 마태복음 27장 외에 그 어떤 문서에도 나오지 않는, 역사적 근거가 전무하다는 점이다.[88] 한마디로 마태복음 저자의 머리에서 나온 기발한 창작

---

87   존 도미닉 크로산, 앞의 책, 226쪽.

물이다. 마태복음 저자는 그럼 왜 그랬을까? 왜 이런 창작을 했을까? 대제사장이 예수를 빌라도에게 넘기는 것만으로 유대인이 예수를 죽였다고 말하는 게 부족하다고 느꼈기 때문이다. 그래서 그는 **확실하게 유대 민족을 '예수 살인자'로 만들기 위해서, 이른바 '스모킹 건'으로 바라바 이야기를 만든 것이다.**[89] 어느 정도로까지? 만약에 예수를 죽인 게 틀렸다면, 그 대가를 우리 자손이 받을 테니까 걱정하지 말고 죽여 달라고 말할 정도로.

> 그 사람(예수)의 피를 우리와 우리 자손에게 돌리시오.[90]
>
> (마태복음 27:25)

한편 저자는 이런 유대 민족 정반대 편에 빌라도를 놓았다. 한마디로 예수를 살리려고 애쓴 사람으로 그렸다.

> 빌라도가 말하였다. "정말 이 사람이 무슨 나쁜 일을 하였소?"
>
> (마태복음 27:23)

---

88 Hyam Maccoby, 앞의 책, 19, 163쪽.
89 컬럼비아대학교에서 고대 역사 연구로 박사 학위를 받은 미국의 역사가이자 베스트셀러 저자인 리처드 캐리어는 바라바 이야기를 전혀 다른 각도에서 설명한다. "마태복음 저자는 유대의 욤 키푸르 전통에서 바라바 스토리를 만들었습니다. 욤 키푸르 때 두 마리의 염소를 데리고 와서 한 마리는 풀어주는 염소escape goat, 그러니까 모든 죄를 지고 광야로 내보내고 또 한 마리는 희생양, 죄를 대신 지고 피를 흘리면서 죽도록 만들지요. 그러니까 바라바는 풀어주는 염소를 상징해요. 바라바가 아랍어로, '아버지의 아들son of father'입니다. 예수가 누구예요? 하나님의 아들이 아닙니까? 그러니까 그 두 사람이 두 마리의 염소를 상징하는 거죠."(출처: https://www.youtube.com/watch?v=rCFuhlnsF9c) 물론 그런 측면도 있을 것이다. 그러나 내가 생각하기에 바라바의 가장 중요한 역할은 유대 민족이 바라바를 선택함으로 확실한 "예수 살인자"가 되도록 만드는 것이었다.
90 이 구절은 지난 2,000년간 유대인 학살, 홀로코스트의 중요한 근거가 되었다.

정말로 살리고 싶었지만 유대인이 반란을 일으킬 정도로 예수를 죽이고 싶어 해서 그로서도 어쩔 수 없었다는 것이다. 저자는 유대 민족을 악의 화신으로 만드는 동시에 로마를 숭상하는 두 마리 토끼를 다 잡은 셈이었다. 그런데 이런 빌라도의 물음에 대한 유대인의 대답이 가관이다.

> 사람들이 더욱 큰 소리로 외쳤다. "십자가에 못 박으시오."
>
> (마태복음 27:23)

이건 한마디로 너무 어처구니없어서 하던 말도 잊게 만드는 상황이다. 십자가는 로마가 오로지 반역 죄인에게만 선고하는 가장 잔인한 처형법이다. 그 사실을 유대인이 모를 리 없다. 그러니까 지금 유대인들이 이렇게 외치고 있다는 거다.

"예수가 뭘 잘못했냐고요? 그걸 몰라서 묻습니까? 로마에 대항하던 사람이잖아요? 그러니까 십자가에 못 박아야 합니다. 독립운동을 한 사람이라고요, 그런데 십자가형을 안 주면 그게 말이 됩니까?"

이렇게 외치고 있다고? 유대 민족이 지금? 적지 않은 성경 주석가는 이 장면을 이렇게 설명한다.

"믿었던 예수에게서 배신감을 느꼈기 때문이다. 예루살렘에 올 때만 해도 해방에 대한 기대로 '호산나'를 외친 사람들이다. 그런데 해방은커녕 무력하게 로마에 잡힌 모습에 배신감을 느꼈기 때문에 유대인은 지금 예수의 죽음을 요구하고 있다."

이게 말이나 되는 설명일까? 왜 배신감을 느끼지? 로마에 잡힌 게 안타까우면 안타깝지. 아니, 너무나 독립을 열망한 나머지 독립을 가져다주지 못한 예수에게 배신감을 느낀 사람들이, 로마에 반역한 자에게만 준다는 십자가형을 요구한다고? 세상에 이 정도로 심각한 인지부조화도 있나? 우리나라에 독립을 가져다줄 사람으로 백범 김구를 철석같이 믿었던 상해임시정부 요원들이, 막상 김구가 체포되자 배신감을 느껴서 조선총독부 앞에 달려가서 김구를 빨리 사형시키라고 데모하는 것과 뭐가 다를까? 게다가 예수가 잡힌 것도 같은 민족인 대제사장 때문이 아닌가? 아니면, 저기 모인 사람들은 다 대제사장 측근들인가? 마태복음 저자는 유대인 전부가 예수를 죽이라고 외쳤다는 게, 자신도 말이 안 된다고 생각했던지 그런 여지를 남겨놓았다.

> 대제사장들과 장로들은 무리를 구슬려서, 바라바를 놓아달라고 하고, 예수를 죽이라고 요청하게 하였다.
>
> (마태복음 27:20)

대제사장 파가 구슬린 대상이 집단인지 아니면 선동가 몇 명인지 몰라도 결과적으로 그 자리에 모인 사람들 전부가 다 예수를 죽이라고 소리쳤다면, 어차피 대제사장의 뜻대로 움직이는 사람들로 채워졌다는 이야기다. 대제사장이 누구인가? 로마의 수족이다. 그런데 이런 대제사장이 동원한 인간들을 빌라도가 두려워했다고?

> 빌라도는, 자기로서는 어찌할 도리가 없다는 것과 또 민란이 일어나려는 것을 보고.
>
> (마태복음 27:24)

역사 속 부활의 흔적

신약성경, 특히 복음서는 말이 안 되는 장면으로 가득하지만, 그중에서도 딱 하나를 꼽으라면 나는 주저 없이 마태복음 24장을 꼽을 정도로, 이 이야기는 유대 민족에 대한 증오가 빚어낸 모순으로 가득하다. 역사적 사실에 비춰볼 때, 어떤 부분도 말이 되지 않는다. 예수를 죽이고 싶은 유대인의 불타는 증오에 잔인하기로 소문났던 빌라도가 두 손 두 발을 다 들었단다. 그리고 유대인은 득의양양해서, '우리가 틀렸으면, 뭐, 우리 자손들이 벌을 받으면 되지'라고 외친단다.

> 물을 가져다가 무리 앞에서 손을 씻고 말하였다. "나는 이 사람의 피에 대하여 책임이 없으니, 여러분이 알아서 하시오." 그러자 온 백성이 대답하였다. "그 사람의 피를 우리와 우리 자손에게 돌리시오."
>
> (마태복음 24:27-28)

왜 마태복음 저자는 이런 황당한 스토리를 만들었을까? 예수가 십자가에서 죽었다는 분명한 사실 때문에 행여 그 죽음의 책임을 로마가 져야 한다고 생각할 사람들이 생길지 모른다는 우려 때문이었다. 그래서 그는 그것을 미연에 차단하기로 마음먹었다. 그 결과 로마를 대표하는 빌라도는 예수를 살리려고 애쓴 인물이 되었고, 졸지에 예수 죽음의 전적인 책임은 유대 민족이 지게 되었다. 저자는 글을 읽는 사람에게 이렇게 외치고 싶었나 보다." 봐라, 로마와 유대 민족, 누가 진짜냐? 로마야말로 하나님이 선택한 민족이야. 로마 백부장 봤지? 예수도 감탄했잖아? 이스라엘 다 찾아봐도 이런 믿음은 없다고 말이야."

그런데 다른 사람도 아닌 베드로가, 스승이 왜 죽었는지를 가장 잘 아는 수제자가 끊임없이 유대인에게 "너희가 예수를 죽였다"라고 외치고, 유대 민족은 그 말에 고개를 끄덕인다고? 마태복음 24장과 마찬가지로 역사적 사실과는 동떨어져도 너무나 멀리 떨어진 이런 사도행전을 얼마나 신뢰할 수 있을까? 자, 여기서 한 걸음 더 들어가보자.

사도행전뿐 아니라, 복음서가 그리는 제자들의 모습, 비겁하기 이를 데 없는 그 모습도 액면 그대로 받아들이기 힘든 이유는, 차마 '역사'라는 단어를 붙이기 민망할 정도로 복음서가 모순으로 차고 넘치기 때문이다. 이 책의 주제인 '부활'을 살펴보자. 복음서가 그리는 예수의 부활 이야기를 과연 신뢰할 수 있을까? 결론을 이야기하면, 복음서가 그리는 부활 사건에는 서로 간 모순이 너무 심각해서 아예 손을 쓸 수 없는 수준이다.

마가, 누가, 그리고 요한복음에서 여자들은 무덤 입구에서 이미 옮겨진 돌을 발견하지만, 마태복음에서 여자들은 천사가 내려와서 돌을 구르는 것을 목격했을 뿐 아니라, 다른 복음서에서는 전혀 언급되지 않은 지진과도 연관시킨다.(마태복음 28:2) 마태복음은 또 무덤에 있던 경비원을 언급하는 유일한 텍스트이기도 하지만 마가, 누가, 그리고 요한복음 속 여자들은 경비원 같은 것은 애초에 전혀 신경 쓰지 않았던 것처럼 편하게 무덤에 접근했고, 또 무덤에 들어간 것으로 보인다. 이런 차이 중 상당 부분은 사소하게 보일 수 있지만, 텍스트 사이에 너무나 많은 차이와 불일치가 발생하면 저자의 정확성에 의문을 제기할 수밖에 없다.[91]

---

91   http://godlesshaven.com/he-is-risen-resurrection-discrepancies/.

부활에 관한 수많은 모순 중에서 딱 한 가지만 살펴보자.[92] 다음은 예수의 무덤을 찾은 여자들에게 천사가 지시를 내리는 마태복음의 장면이다.

(천사가 여자들에게) 빨리 가서 제자들에게 전하기를, "그는 죽은 사람들 가운데서 살아나셔서, 그들보다 먼저 갈릴리로 가시니, 그들은 거기서 그를 뵙게 될 것이라고 하여라. 이것이 내가 너희에게 하는 말이다." …… **열한 제자가[93] 갈릴리로 가서,** 예수께서 일러주신 산에 이르렀다.

(마태복음 28:7, 16)

---

92 2017년 영화 〈예수는 역사다〉에는 스트로벨이 부활의 역사성을 검증하는 장면이 나온다. 그는 부활이 사실이라면 왜 복음서 간에 불일치가 있는지 묻는다. 질문만 봐서는 아주 훌륭하다. 그런데 그가 제기하는 '불일치'라는 게 어이없다. 진짜로 중요한 불일치, 그러니까 모순은 아예 언급하지도 않는다. 참 이상하다. 그런 건 눈에 안 보이나? 지금 본문에서 다룰 갈릴리와 예루살렘의 모순을 그가 물었다면, 크레이그는 뭐라고 대답했을까? 그런데 그런 중요한 불일치, 또는 모순은 건너뛰고 스트로벨을 크레이그를 위해서(?) 아주 쉬운 질문만 던진다. 독자의 이해를 위해 관련 기사를 인용했다. "영화(〈예수는 역사다〉, 2017) 속에서 크레이그 교수와의 전화 인터뷰 중, 스트로벨은 그리스도의 부활 사건에 대한 4복음서의 증언, 특히 최초 목격자인 여성들에 대한 증언이 서로 정확하게 일치하지 않는다는 점을 지목한다. 부활의 최초 목격자에 관련된 증언들 사이에 보이는 차이를 정리하면 다음과 같다.
　마태복음: 막달라 마리아, 다른(야고보의 어머니) 마리아(마태복음 28:1)마가복음: 막달라 마리아, 야고보의 어머니 마리아, 살로메(마가복음 16:1)누가복음: 막달라 마리아, 요안나, 야고보의 모친 마리아, 저희와 함께한 다른 여자들(누가복음 24:10)요한복음: 막달라 마리아(요한복음 20:1)
　스트로벨은 만일 신문기사를 이런 식으로 작성했다면, 기자로서 실격임을 강조한다. 부활 기록이 그토록 중요하다면 지극히 정밀하고 정확한 기록을 남겼어야 한다는 것이 그의 주장이다. 여기에 대해 크레이그 교수는 스트로벨이 예일대학교 로스쿨 출신임을 지적하며, 경찰조사나 재판 중 증인신문에서도 증인들의 진술 사이에 소소한 차이가 존재한다는 것을 알지 않느냐고 반문한다. 다수의 증인들로부터 나온 증언이 한 치의 오차도 없이 일치한다면, 그것이 오히려 조작된 것 아니겠느냐는 크레이그 교수의 반문에 스트로벨은 더 이상의 반론을 제기하지 않는다. 그가 생각하기에도 합당한 추론이기 때문이다. 이로써 스트로벨은 두 번째 취재를 종결한다. 그는 사복음서에서 발견되는 소소한 불일치는 증언의 신뢰도를 떨어뜨리는 것이 아니라고 결론을 내린다"(http://kr.christianitydaily. com/articles/92721/20170716/예수-부활의-증거-그-누가-부정할-수-있는가.htm).

93 앞에서 언급한, 그러니까 부활장에 나오는 열두 제자가 통상적으로 쓰이는 제자에 대한 표현이 아닌 것은 여기를 보면 알 수 있다. 마태복음은 분명하게 열한 제자라고 한다.

마태복음에 따르면 제자들이 예수를 만난 곳은 의심의 여지가 없이 갈릴리였다. 그리고 그곳에서 예수는 그 유명한 '대사명'[94]을 제자들에게 내렸다. 그런데 누가복음에 가면 상황이 완전히 달라진다.

그러나 베드로는 일어나서 무덤으로 달려가, 몸을 굽혀서 들여다보았다. 거기에는 시신을 감았던 삼베만 놓여 있었다. 그는 일어난 일을 이상히 여기면서 집으로 돌아갔다. **마침 그날에** 그들 가운데 두 사람이 예루살렘에서 한 삼십 리 떨어져 있는 엠마오라는 마을로 가고 있었다. 그들은 일어난 이 모든 일을 서로 이야기하고 있었다. 그들이 이야기하며 토론하고 있는데, 예수께서 가까이 가서, 그들과 함께 걸으셨다. …… "[보아라,] 나는 내 아버지께서 약속하신 것을 너희에게 보낸다. 그러므로 너희는 위로부터 오는 능력을 입을 때까지, **이 성(예루살렘)에 머물러 있어라.**"

(누가복음 24:12-15, 49)

마태복음에 의하면 무덤을 다녀온 여자들의 말을 듣고 제자들은 다 갈릴리로 갔는데, 누가복음에서는 베드로가 갈릴리로 가는 대신 무덤으로 달려간다. 그리고 갈릴리로 가기는커녕 예루살렘에 그대로 머물고 있다. 누가복음에 의하면 갈릴리가 아닌, 예루살렘에서 예수는 부활한 '바로 그 날에' 제자들과 감격스러운 상봉을 했고, 또 한 걸음 더 나아가 제자들에

---

94   "예수께서 나아와 말씀하여 이르시되 하늘과 땅의 모든 권세를 내게 주셨으니 그러므로 너희는 가서 모든 민족을 제자로 삼아 아버지와 아들과 성령의 이름으로 세례를 베풀고 내가 너희에게 분부한 모든 것을 가르쳐 지키게 하라 볼지어다 내가 세상 끝날까지 너희와 항상 함께 있으리라 하시니라."
(마태복음 28:18-20)

게 절대로 예루살렘을 떠나지 말라는 엄중한 명령까지 내렸다. 누가복음이 맞는다면, 마태복음이 그리는 유명한 사건, 갈릴리에서 제자들에게 '대사명'을 내리는 것은 아예 있을 수 없는 일이 되고 만다.[95] 그러면 누가복음은 왜 제자들을 예루살렘에 남겨두었을까? 누가복음 저자에게 중요한 문제 중 하나는 오순절 성령 강림과 초창기 예루살렘을 중심으로 일어난 교회 부흥을 그리는 것이었다. 따라서 그에게 갈릴리로 떠나버린 제자들은 있을 수 없는 일이었다. 그렇다면 제자들은 예수가 죽고 갈릴리로 갔을까 아니면 예루살렘에 남았을까? 적지 않은 기독교인에게는 이 질문이 아무런 의미도 없을지도 모르겠다.

"아니, 그게 왜 궁금하지요? 도대체 이해가 안 되네. 그리고 내가 볼 때는 전혀 모순이 아닌데요. 예수님이 제자들 몇 명한테는 갈릴리로 가라고 하셨고, 또 다른 몇 명한테는 예루살렘에 남으라고 명령하셨을 수도 있잖아요? 마태와 누가는 각각 자신들이 성령님께 받은 영감만을 기록한 거예요. 성령님이 모든 상황을 싹 다 알려주실 필요는 없잖아요? 복음서 저자마다 각각 은사에 맞게 딱 필요한 부분만 알려주시는 거죠. 그래서 우리에게는 4권의 복음서가 있는 거 아닙니까? 4권이지만 사실은 1권, 하나의 진리이죠. 요는 믿음이에요. 믿음의 눈으로만 보면 모순처럼 보이던 게 어느새 더 은혜로운 조화로움으로 바뀌거든요. 그러니까 모순은 다른 말로 믿음이 없는, 불신앙을 의미하는 거죠."

이 질문에 대해서 저명한 신학자 제임스 던[96]은 이렇게 대답했다.

---

95 갈릴리와 예루살렘은 거리상 200킬로미터 떨어져 있고, 제자들도 예수처럼 신비한 몸을 입고 하늘을 날아다니지 않는 이상, 걸어 다니는 제자들이 이 두 곳을 자유롭게 왔다 갔다 할 수 없었다.

부활하신 예수께서 어디에 나타나셨는지에 대한 혼란은 자연스럽게 몇 가지 물음을 낳습니다. 예를 들어, '사도행전이 암시하듯 예루살렘이 초기 그리스도교의 유일한 중심지였을까', 혹은 '예루살렘에서 시작된 선교가 확장되어 훗날 여기에 흡수되었다 할지라도, 갈릴리를 또 다른 성공을 거두었던 예수 운동의 중심지로 여겨야 하지 않을까?'와 같은 물음 말입니다. 이러한 물음들에 명확하게 답하기란 쉽지 않지만, 이 물음들이 부활 문제에 있어서 **그리 중요한 것은 아니니 여기서는 넘어가도록 합시다.**[97]

그의 대답은 '중요한 게 아니니 여기서는 넘어갑시다'다. 어이가 없다. 사소한 곳에 정작 중요한 진실이 숨어 있다는 것을, 저명한 신학자이자 역사가인 저자는 모르는 걸까? 신약성경 속 수많은 모순 앞에서는 위대한 신학자 레이먼드 브라운도 크게 다르지 않은 거 같다. 복음서가 묘사하는 부활 진술의 모순을 지적하면서 그는 뜬금없이 이렇게 말한다.

(상호간의 모순/차이에 관한) 성경적인 대답은 이것이다. 우리는 복음서의 내용을 바탕으로 부활 후에 무슨 일이 일어났는지 결코 순차적으로 구성할 수 없음을 인정하는 것이다. 중요한 것은 모든 복음서 전승이 주안점으로 두는 것은 열두 제자에게 예수가 나타났다는 것이고, 그들에게 대사명을 맡겼다는 사실이다. 각각의 전승은 예수가 열두 제자에게 처음으로 자신을 드러냈고, 그 결과 그들은 의심도 그러나 확신을 가지게 되었다. 따라서 예수와 제자들

사이의 만남 내용을 고려할 때, 우리는 모든 복음서가 열두 제자에게 예수가 나타났다는 한 사건을 동일하게 말했다고 할 수 있다.[98]

다른 사람도 아닌, 레이먼드처럼 탁월한 신학자가 갑자기 연구를 '신앙고백'으로 전환할 때면 당황스럽기 그지없다. 이건 뭐 교통사고 현장을 목격한 여러 사람이 다 다른 이야기를 하는데 중간에 누가 나와서 이렇게 소리치는 것과 같다.

"사람이 죽었어요. 그거면 되지, 뭐가 더 필요해요? 죽은 것만 확인하면 되잖아요!!"

그러나 모든 사람이 다 다른 이야기를 한다면 그 사람이 정말로 교통사고로 죽었는지, 아니면 교통사고로 위장된 살인 사건인지 어떻게 알 수 있을까? 그럼 21세기 들어서 새롭게 조명받는 또 한 명의 위대한 신학자, 신정통주의의 대부로 일컬어지는 칼 바르트[99]는 부활에 관한 복음서의 모순을 어떻게 생각했을까?

의심할 여지 없이, 부활 이야기는 모순이다. 복음서 부활 이야기에서 일관된 역사성을 끄집어낼 수는 없다. 여자들과 사도들에게 나타남, 갈릴리와 예루살렘에서 나타남, 그리고 복음서와 바울의 진술은 아예 조화될 수 없다. 부

98 Raymond E. Brown, 앞의 책, 168~167쪽.
99 카를 바르트Karl Barth(1886~1968)는 스위스의 개혁 교회 목사이자 20세기의 대표적인 신학자로 꼽힌다. 예수를 도덕적으로 모범을 보인 인간으로, 성경을 인간의 종교적 경험의 기록으로, 윤리적 지침서로 이해하던 자유주의 신학에 반대하여, 그리스도인들이 헌신적으로 복종해야 하는 '하나님의 말씀'이 인간으로 되신 예수 그리스도를 강조하였다. 그러나 정통주의 신학의 관점에서 그의 계시관과 역사관은 차이점을 보였기에 그의 이러한 신학적 성격을 신정통주의라고 부른다. 폴 틸리히, 에밀 브루너와 루돌프 불트만과 함께 20세기 초 개신교 신학계를 주도했다.(출처: 한국 위키피디아)

활 이야기는 혼란 그 자체다. 내 아버지를 포함해서, 19세기 복음주의 신학자는 이런 모순된 이야기들을 어떻게든지 일치시켜서 부활의 역사성을 증명하려고 노력했는데, 그것은 잘못된 것이다. 비록 그런 의도는 칭찬받을 만하더라도. 그런 시도를 한 사람들이 기억해야 할 점은 초대 교회조차도 굳이 부활 이야기를 조화시키려고 노력하지 않았다는 사실이다. 초대 교회는 부활이라는 이 독특한 사건에 참석한 모든 사람 속에서 내적 지진이 일어났다는 사실을 잘 알고 있었다. 목격자들은 그들의 머리로 도저히 이해할 수 없는 일을 보았고, 각각은 거기에 대해서 조금씩 아는 만큼 이야기했을 뿐이다. 그러나 그들이 각각 전한 그 이야기 조각들은 부활 사건의 중대성과 역사성을 우리에게 증거하기에 충분하다. 각각의 모든 증인은 인간의 이해를 능가하는, 하나님이 허락하신 자유의 은혜를 선포했다. 부활은 인간이 아닌, 오로지 하나님 한 분만이 역사성을 증명할 수 있다. 왜냐하면 하나님이 부활의 주체이기 때문이다. 다행히도 하나님은 인간의 마음속에서 부활을 받아들이는 데에 충분한 믿음을 부어주시는 역사하심을 멈춘 적이 없었다.[100]

---

100 *The Faith of the Church: A Commentary on the Apostles' Creed According to Calvin's Catechism*(Wipf&Stock, 2015), 108쪽. 적지 않은 보수정통 학자들은 이런 칼 바르트를 '이단'이라고 생각한다. 그가 '몸 부활'을 지지하지 않기 때문이다. 달리 말해서, 부활의 진위를 놓고 역사성 운운하는 게 아무런 의미가 없다고 주장하기 때문이다. 바르트에게 부활은 애초에 인간의 이성으로 알 수도 또 증명할 수도 없는 것이다. 마치 창조를 증명할 수 없는 것처럼 말이다. 따라서 그는 그냥 받아들이라고 말한다. 그러나 이런 바르트의 태도가 보수정통의 마음에 들 리 없다. 특히, 그가 미완성으로 마치고 세상을 떠난 평생의 대작,『교회교의학』마지막 장, '육의 부활과 영생'에 그는 다음과 같이 적었다. "사후의 생을 바라는 것은 이방인들이나 하는 짓이다. 그것은 결코 그리스도인의 소망이 아니다." 이러니 그를 보수정통이 이단으로 보지 않는다면, 그게 더 이상할 것이다. 물론 바르트를 아끼는 많은 학자는 그의 신학과 보수정통 신학을 조화롭게 엮으려는 시도를 쉬지 않고 있다. 그러나 그건 내가 볼 때, 바르트가 비판한 모순덩어리 부활 전승을 말이 되도록 엮겠다는 시도와 별반 다르지 않다. 망자에 대한 모욕이라고 생각한다.

역사 속 부활의 흔적

187

다시 질문으로 들어가자. 제자들은 그럼 예수가 죽고 갈릴리로 갔을까 아니면 예루살렘에 남았을까? 누가복음 저자를 비롯해 복음서가 그리는 제자들, 그러니까 비겁하고 스승의 뜻을 도통 못 알아먹는 무지렁이 제자들이라면, 그들은 당연히 당장 고향 갈릴리로 도망갔을 것이다. 본디오 빌라도의 손길이 미치지 못하는 곳으로 가서 생명이나마 보전하는 게 평소 그들의 모습에 비추어볼 때 가장 어울린다. 그런 면에서 제자들을 갈릴리도 보내버린, 마태복음 저자가 그린 제자들의 모습은 최소한의 일관성이 있다. 그런데 만약에 내가 주장하듯이, 제자들이 복음서의 묘사와 달리 비겁하지 않고 스승이 죽자 자연스럽게 스승이 남긴 유지를 이어받았다면, 그들은 예루살렘에 남아 있는 것이 맞다. 왜냐하면 예수가 기다렸던 '하나님의 역사'가 일어날 현장이 바로 거기였기 때문이다. 굳이 자진해서 '나도 죽여라'며 자수하지는 않았겠지만, 스승과 함께 기다렸던 그 날을 제자들이 여전히 기다렸다면 결코 예루살렘을 떠났을 리 없다.

하이암 맥코비는 예수가 그날 밤 하나님의 나라가 분명히 임할 것을 확신했다고 단언한다. 기독교가 생각하는 그런 종말이 아니라 당시 유대인인 기다리던 하나님의 나라, 잔혹한 로마 제국을 멸망시키는 하나님의 역사가 일어날 것이라고 확신했음이 틀림없다고. 그랬던 예수의 머리에는 오랫동안 스가랴 선지자의 예언이 깊이 박혀 있었을 것이다.(스가랴서 14장) …… 그럼 예수는 왜 제자들을 데리고 감람산(올리브산)으로 갔을까? 예언에 의하면 그곳은 다름 아닌 하나님의 재앙이 임할 때 거룩한 자들이 피해야 할 곳이기 때문이었다.

그날이 오면 주께서 예루살렘의 동쪽에 있는 올리브산에 서 계실 것이다. 그 골짜기가 아셀까지 이어지고 너희는 그 골짜기로 도망칠 것이다.

(스가랴서 14:4-5)

그리고 예수는 거기서 땀이 피가 되도록 기도했다. 잔혹한 로마 제국을 산산이 부술 거룩한 여호와의 진노가 한순간이라도 빨리 임하기를 바라며 그는 간절히, 생명을 걸고 기도했다. …… 그래서 스승과 제자들은 함께 찬양하며 감람산으로 나아갔다. 눈앞에 닥친 승리의 날을 확신하며 기쁨에 넘쳐 힘든 줄 모르고 칠흑 같은 어둠을 뚫고 감람산으로 나아갔다. 스승이 곧 체포되어 십자가에서 죽을 것을 알면서 찬양하는 제자는 없다. 그들이 찬양한 이유는 승리가 눈앞에 다가왔기 때문이었다. 그러나 땀이 피로 변하는 예수의 간절한 기도에도 불구하고 그날 밤 하나님의 날은 오지 않았고 도리어 예수는 체포되었다. 그리고 처참하게 사형당했다.[101]

그러나 제자들은 절망하는 대신 잠시 미뤄진 하나님의 심판을 기다리며 더 열정적으로 외쳤을 것이다. 스승이 외쳤던 바로 그 메시지, 복음서가 결코 쓰지 않았던 바로 그 메시지를…. **예수가 죽은 후에도,** 제자들은 예루살렘에 남아서 생명을 걸고 하나님의 복음을 외쳤다. "때가 찼다. 하나님의 나라가 가까이 왔다. 회개하여라. 복음을 믿어라."

그런 그들이었기에 예루살렘을 떠났을 리가 없다. 누가복음 저자는 이 사실을 잘 알았을 것이다. 그러나 자신이 누가복음에 쓴 관점에 근거해서

---

101   옥성호, 『야고보를 찾아서』, 174~176쪽.

제자들을 그린다면, 그들은 당연히 갈릴리로 줄행랑을 쳤어야 했다. 결국 저자는 부활한 예수의 명령이라는 형태를 빌어서 제자들을 예루살렘에 남겼다. 누가 봐도 당장 도망가고 싶은 제자들이 예수의 엄한 명령 때문에 남을 수밖에 없었다는 느낌을 주기 위해서다.

> 예루살렘에서부터 시작하여 너희는 이 일의 증인이다. 나는 내 아버지께서 약속하신 것을 너희에게 보낸다. 그러므로 너희는 위로부터 오는 능력을 입을 때까지, **이 성(예루살렘)에 머물러 있어라.**
>
> (누가복음 24:47, 49)

누가복음 저자는 메시아가 베들레헴에서 탄생한다는 구약의 기록 때문에[102] 나사렛 출신이 분명한 예수를 있지도 않았던 인구 조사를 창작해서 베들레헴 출생으로 만든 것처럼, 제자들이 예수가 죽은 후에도 예루살렘에 남아 있었다는 역사적 사실 때문에 부활한 예수의 명령이라는 설정을 만들었다. 결론적으로 '예수의 제자들은 처음부터 변할 것이 없었다'라는 입장을 견지하면, 크레이그가 주장하는 네 번째 팩트 '변화한 제자들'은 애초에 설 자리가 사라진다. 그런데 이 시나리오를 받아들이려면 해결해야 할 한 가지 중요한 문제가 있다.

바울이 쓴 부활장의 역사성을 인정한다면, 초창기 기독교인이 암송했던 신앙고백에는 분명히 게바와 야고보 등이 부활한 예수를 목격했다는 내용이 나오는데, 그것을 어떻게 이해해야 하는가 하는 문제다. 예수가 죽

---

102 메시아가 베들레헴에서 태어난다는 히브리 성경의 예언을 의미한다.

고 고작해야 몇 년 안에 만들어진 내용이 맞는다면, 제자들도 당연히 알지 않았을까? 그렇다면 정작 자기들은 부활한 예수를 본 적도 없는데 사람들이 그런 내용을 암송하는 것을 가만히 두고 보고만 있었을까? 기억할 점은 이것이다.

"부활장의 역사성과 '부활의 역사성'은 전혀 다른 문제다."

일용할 양식이 없어서 굶으면서도 '우리에게 일용할 양식을 주옵시고…'라고, 일용할 양식을 주셨다고 암송하는 것이 신앙이다. 앞에서도 살펴본 최초의 부활 기록을 다시 보자.

성경대로

그리스도께서 우리 죄를 위하여 죽으시고

장사 지낸 바 되셨다가

성경대로

사흘 만에 다시 살아나사

게바에게 보이시고

후에 열두 제자에게와

그 후에 오백여 형제에게 일시에 보이셨나니

그중에 지금까지 대다수는 살아 있고 어떤 사람은 잠들었으며

그 후에 야고보에게 보이셨으며

그 후에 모든 사도에게와

맨 나중에 만삭되지 못하여 난 자 같은 내게도 보이셨느니라.

이 내용이 예수가 죽고 몇 년 안에 퍼졌을 것이라는 추측 때문에 많은

학자는 바울 이야기를 뺀 나머지의 오리지널 저자를 예수의 제자(들)라고 생각한다.

많은 학자들은 바울이 회심 후 3년째에 예루살렘으로 가서 베드로와 야고보를 만났을 때 이 자료를 넘겨받았다고 믿고 있습니다.[103]

그러나 이 전승을 제자가 만들었다고 보기에는 영 석연치 않다. 내용이 너무나도 신학적이기 때문이다. 바로 이 부분이다.

성경대로
그리스도께서 우리 죄를 위하여 죽으시고
장사 지낸 바 되셨다가
성경대로
사흘 만에 다시 살아나사.

'성경대로'라고? 히브리 성경 어디에도 죄 때문에 죽는 그리스도, 즉 메시아는 '전혀' 나오지 않는다.[104] **메시아가 죽는다는 말이 없는데, 메시아가 다시 살아난다는 말이 나올 리 없다.** 유대 민족이 기다린 메시아는 승리자이고 유토피아를 가져다주는 영웅이었다. 그렇기에 철저한 유대인이자 유대교 신자인 제자들이, 모국어인 아람어도 쓰고 읽을 줄 몰랐던 게

---

103 리 스트로벨, 앞의 책, 305쪽.
104 좀 더 자세한 설명을 위해 메시아 문제를 집중적으로 다룬 옥성호, 『신의 변명』을 참조하라.

분명한 제자들이 '성경대로'라는 단어가 들어간 이런 글을 만들어냈다고 생각하기는 어렵다. 아람어도 모르는 그들이 헬라어(그리스어)로 된 70인역을 읽었을 리도 만무하기 때문이다. 이런 내용을 누가 언제 만들었을까? 우리는 그 답을 알고 있다.

> 그 아들을 이방 사람에게 전하게 하시려고, 그를 나에게 기꺼이 나타내 보이셨습니다. 그 때에 나는 사람들과 의논하지 않았고, 또 나보다 먼저 사도가 된 사람들을 만나려고 예루살렘으로 올라가지도 않았습니다. 나는 **곧바로 아라비아로 갔다가.**
>
> (갈라디아서 1:16-17)

생각지도 않게 예수의 환상을 본 바울은 그 의미를 곰곰이 고민했을 것이다. 그리고 십자가에서 이미 처형되었는데도 예수를 여전히 메시아라고 전파하는 제자들이 틀리지 않았다면, 그 메시아는 히브리 성경에 예언되었을 것이라고 확신했을 것이다. 그는 아라비아에서 70인역을 뒤지고 거기서 아마도 이사야서 53장[105]을 통해 '성경대로 죽어야 하는 메시아'로 재해석했는지도 모르겠다. 그리고 호세아서 6장 2절[106]을 '성경대로 사흘 만에 다시 살아나는 메시아'로 재해석했는지 모르겠다.[107] 얼마나 오랫동안 그가 아라비아에서 있었는지 몰라도 그 시간 내내 바울은 70인역

---

105 "그러나 그가 찔린 것은 우리의 허물 때문이고, 그가 상처를 받은 것은 우리의 악함 때문이다."(5절)
106 "이틀 뒤에 우리를 다시 살려 주시고, 사흘 만에 우리를 다시 일으켜 세우실 것이니, 우리가 주님 앞에서 살 것이다."
107 여기에 대해서는 3장에서 좀 더 자세하게 살펴볼 것이다.

헬라어 성경을 파고 또 파지 않았을까? 그리고 예루살렘을 다녀온 후에 본격적으로 선교 활동을 시작했고, 나중에 부활장에 넣은 이 전승을 신앙고백으로 만들어 암송했을 것이다. 그럼 앞선 내 주장대로 베드로를 비롯한 제자들이 부활한 예수를 만난 적이 없다면, 왜 그들은 사람들이 바울이 만든 이런 내용을 암송하는 데 아무런 조치를 취하지 않았을까?

> 게바에게 보이시고
>
> 후에 열두 제자에게와
>
> 그 후에 오백여 형제에게 일시에 보이셨나니
>
> 그중에 지금까지 대다수는 살아 있고 어떤 사람은 잠들었으며
>
> 그 후에 야고보에게 보이셨으며
>
> 그 후에 모든 사도에게와
>
> 맨 나중에 만삭되지 못하여 난 자 같은 내게도 보이셨느니라.
>
> (고린도전서 15:5-8)

여러 가능성이 있을 수 있다. 일단 유대 땅 밖에서 헬라어로 암송되는 이 내용이 제자들의 귀에 들어가지 않았을 수도 있다. 설혹 그렇다고 해도, 그들이 할 수 있는 게 뭐가 있었을까? 우리는 주님을 만난 적 없다고 돌아다니면서 항변할 수 있었을까?

이 글을 쓰는 요즈음, 광주민주화운동의 배후에 북한군이 있었다는 황당무계한 주장 때문에 시끄럽다. 21세기인 지금, 술자리도 아닌 공적인 자리에서, 그것도 국회 안에서 아무렇지도 않게 억지를 부리는 사람이 있다는 것도 대단하지만, 이런 문제를 깨끗하게 해결할 길이 없다는 사실도

답답한 일이다. 하물며 지금도 이런데, 2,000년 전에는 과연 어땠을까?

다음 질문은 이것이다. 만약에 이 신앙고백을 만들어낸 사람이 바울이라면, 그는 왜 그랬을까? 동기가 무엇일까?

몇 가지를 생각할 수 있다.

첫 번째는 **자신의 권위를 위해 그는 제자들이 필요했을 것이다.** 한마디로 바울은 하늘에서 뚝 떨어진 사람이었다. '예수의 제자'라는 확실한 스펙을 소지한 사람이 아니었다. 그랬기에 그는 자격증이 필요했다. 그가 생각한 방법은, 자기가 만난 예수가 제자들에게도 동일하게 나타났다고 주장하는 것이었다. 그래야 자기가 만난 예수가 '진짜authenticity'라는 보증이 가능하기 때문이다. 갈라디아서는 바울과 제자들 간의 갈등이 얼마나 심각했는지를 보여주는 중요한 서신서인데, 그 갈등은 단지 할례에만 머물지는 않았을 가능성이 크다. 제자들과 바울 사이에 감정의 골은, 비록 사도행전이 아무리 둘 사이의 파트너십을 강조하려고 애를 써도 행간에 갈등이 드러나는 것처럼, 그 골의 깊이가 결코 만만한 수준이 아니었다. 거기에는 어쩌면 바울이 만든 이 신앙고백도 중요한 역할을 하지 않았을까?

또 하나 중요한 이유도 바울의 권위와 연결된다. **사람들에게 나타난 예수는 바울이 마지막이 되어야만 했다.**[108] 더 이상 예수가 다른 사람 앞에 나타나는 일은 없어야만 했다. 바울이 부활한 예수를 본 마지막 사도라는 메시지를 확실하게 하고 싶었을 것이다. 앞에서도 잠깐 언급했듯이, 예수가 그 모습을 드러낸 마지막 인간인 바울은 누구와도 비교할 수 없다는

---

108 이 구절은 고린도전서를 쓸 때 추가했을 가능성이 크다고 생각한다. 그러나 내 논지는 여전히 유효하다.

점을 강조하고 싶었을 것이다.

맨 나중에 만삭되지 못하여 난 자 같은 내게도 보이셨느니라.[109]

(고린도전서 15:8)

자신의 권위를 위해서 바울은 열두 제자와 사도를 구분했다. 부활한 예수와 몇 년을 같이 살았다고 하더라도 바울이 열두 제자가 될 수는 없었다. 그래서 바울에게는 베드로가 대표하는 '열두 제자' 외에 또 다른 그룹이 필요했다. 열두 제자의 권위를 뛰어넘는 '사도'라는 또 하나의 그룹이 만들어졌고, 당시 베드로의 권위를 뛰어넘었던 야고보가 자연스럽게 사도를 대표하는 인물이 되었다. 부활장이야말로 역사적 사실이 아닌 정치적 함의로 가득 찬 내용이라고, 존 도미닉 크로산과 같은 학자가 주장하는 중요한 이유이기도 하다.

이 기사가 주장하는 요점은 부활한 예수의 현현을 강조하는 데 있는 것이 아니라, 바울 자신이 사도라는 것, 즉 초대 교회에서 지도자의 역할을 수행하도록 하나님과 예수가 특별히 부르고 임명했다는 사실을 강조하는 것이다. …… 그(바울)는 열둘 중의 하나라고 주장할 수는 없지만 사도, 즉 하나님과 예수에 의해 보냄 받은 자가 된다고 주장할 수 있으며, 또 그렇게 주장하고 있다.[110]

---

109 N. T. 라이트도 그의 책 『하나님의 아들의 부활』(519쪽)에서 비슷한 주장을 펼친다.
110 존 도미닉 크로산, 앞의 책, 262쪽.

이런 두 가지 사실과 더불어 부활장의 신앙고백이 역사적 사건을 묘사하는 게 아니라고 추측할 수 있는 또 하나의 중요한 근거는 바로 이 구절이다.

그 후에 오백여 형제에게 일시에 보이셨나니
그중에 지금까지 대다수는 살아 있고 어떤 사람은 잠들었으며.
(고린도전서 15:6)

이 구절을 읽을 때면 나는 미국 텔레비전에는 자주 만나는, 이른바 '텔레비전 전도사'가 생각난다. 그들 중에서도 신유의 은사를 가졌다는 이들은 하나같이 카메라를 향해 손을 뻗치고 이렇게 말하곤 한다.

"아, 지금 오하이오주에 있는 한 형제의 뇌종양이 나았습니다."

한마디로 확인 불가다. 확인할 수 없기에, 그냥 마구 지껄인다. 심한 표현이지만, 다시 하자. 그냥 나오는 대로 지껄이는 것이다.[111] 마찬가지다. '예수가 오백여 형제에게 일시에 보였다. 대다수는 지금도 살아 있다.' 이게 어디 사는 누구인지 어떻게 알 수 있을까? 어떻게 확인할 수 있을까? 지금은 인터넷 같은 다양한 통신이 발달했지만, 당시라면 다시 말하지만 확인이 불가능했다. 바울의 말대로 그들 중에 아직도 살아 있는 사람이

---

111 물론 전혀 반대로 생각할 수도 있다. N. T. 라이트는 이 구절을 놓고, "여전히 살아 있기 때문에, 그들이 무엇을 보았고 알았는지를 설명하도록 불러내서 심문하는 것도 가능하다. 이 본문의 전체적인 취지는 증거들, 불러올 수 있는 증인들, 증인들을 댈 수 있는 실례조 일어난 사건에 관한 것이다." N. T. 라이트, 앞의 책, 516쪽. 과연 그럴까? 나는 정반대라고 생각한다. 21세기에도 본문에서 말하는 텔레비전 목사의 주장을 확인할 길이 없다. 하물며 2,000년 전에 이 구절을 근거로 증인을 불러 확인할 수 있다고?

많다는데, 왜 세상은 예수의 부활에 이토록 무심할 수 있을까? 게다가 예수의 부활을 목격한 사람이 그렇게 많은데도 예수가 금방 재림하지 않아서 절망한다는 게 상식적으로 이해가 되나? 그래서 바울이 절망하는 데살로니가 교회 교인을 위로하기 위해서 편지를 썼다는 게 납득이 될까? 주변에 부활을 목격한 사람들이 여전히 많은데도?

> 우리는 예수께서 죽으셨다가 살아나신 것을 믿습니다. …… 그다음에 살아남아 있는 우리가 그들과 함께 구름 속으로 이끌려 올라가서, 공중에서 주님을 영접할 것입니다. …… 그러므로 여러분은 이런 말로 **서로 위로하십시오.**
>
> (데살로니가전서 4:14, 17-18)

예수의 부활을 목격했다는 500명 중에서 더도 말고, 딱 서너 명만 바울이 데리고 다니면서 선교를 했어도, 그는 훨씬 더 큰 성과를 거둘 수 있지 않았을까?

삼국유사에는 신라 진평왕 시절 유행했다는 '서동요' 이야기가 나온다.

> 백제 제30대 무왕의 이름은 장璋. 일찍이 어머니가 과부가 되어 서울(서라벌) 남쪽 연못가에 집을 짓고 살던 중 그 연못의 용龍과 정을 맺어 그를 낳았다. 아명兒名은 서동薯童. 그 도량이 비상하고 항상 서여(마)를 캐어 팔아서 생계로 삼고 있었으므로, 사람들이 아명을 그리 부른 것이다. 그는 신라 진평왕의 셋째 공주 선화善花가 아름답기 짝이 없다는 말을 듣고 더벅머리를 깎고 서울로 올라왔다. 그러고는 동네 아이들에게 마를 주며 자신을 따르게 했다. 드디어 노래 하나를 지어 아이들에게 부르게 했다.[112]

지금도 널리 알려진 이 노래의 내용은 선화공주가 서동이와 이렇고 저런 관계라는 것이다.

　"선화공주님은 남몰래 시집가서 서동이를 밤이면 안고 간다."[113]

　서동이가 누군지도 모르는 선화공주는 이 노래가 널리 퍼지는 바람에 아버지 진평왕으로부터 쫓겨났다. 동네방네에서 아이들이 모이기만 하면 불러대는 이 노래가 어느새 팩트가 되어버렸기 때문이다. 사실 여부는 얼마나 빨리 또 넓게 퍼지는가에 달려 있기도 하니까. 서동요를 만든 서동이야 선화공주를 아내로 맞는 것으로 끝났지만, 부활장 속 신앙고백을 만든 바울은 인류 역사를 바꾸었다.

　부활은 대부분 기독교인에게는 신앙의 마지노선이다. 기독교인 중에 예수의 부활과 관련해서는 100% 문자 그대로 믿지 않으면, 그러니까 예수의 부활이 몸 부활이 아니라고 생각하면 단박에 이단이 되는 게 지금의 기독교이다. 아마도 거기에는 부활장인 고린도전서 15장 4절에 있는 바울의 '선언'이 가장 큰 역할을 했을 것이다.

　그리스도께서 만일 다시 살아나지 못하셨으면 우리가 전파하는 것도 헛것이요 또 너희 믿음도 헛것이며.

（고린도전서 15:4）

112　https://ko.wikipedia.org/wiki/%EC%84%9C%EB%8F%99%EC%9A%94.
113　https://ko.wikisource.org/wiki/%EC%84%9C%EB%8F%99%EC%9A%94에서 홍기문 역.

바울의 이 말 때문일까? 아담을 신화라고 말하는 사람에게 '당신은 기독교인이 아니다'라고 손가락질하는 사람은 거의 없지만, 예수의 부활에 의문을 제기하는 사람은 전혀 다른 취급을 당한다. 부활도 확실한 '몸 부활'이어야만 정통으로 인정받는다. 세상이 변해서 그런지, 요즘은 당당하게 '진화론'을 받아들이는 기독교인도 적지 않다. 그런 사람은 오히려 '진보적인 기독교인, 생각이 깨인 기독교인'으로 존경도 받는다. 그런데 행여 그 사람이 부활도 그냥 다 은유고 상징이라고 말하면 어떻게 될까? 상황은 단박에 달라진다. 그게 부활이 가진 힘이다. 한마디로 예수의 몸 부활을 믿는가 여부는 진짜 그리스도인가 아닌가를 가르는 리트머스 종이인 셈이다.

그런데 조금만 찬찬히 살펴보면 거기에도 모순이 있다. 가장 먼저, 앞에서도 설명했듯이 바울은 결코 '몸 부활'을 말하지 않았다. 그런데 그가 말하는 '부활의 중요성' 때문에 몸 부활에 의문을 제기하는 순간 이단이 되는 세상은 바울도 원하지 않을 것이다. 또 하나 생각할 점은 아담과 창조론은 거부하면서도 부활만 믿으면 기독교인이다? 이게 말이나 될까? 누구보다도 가장 통탄할 사람은 다름 아닌 바울이다. 같은 부활장에서 바울은 예수의 부활을 다른 한 사람과 병렬 관계로 비교한다. 그가 누구인가? 아담이다. **한마디로 아담이 신화면 예수도, 예수의 부활도 다 신화라는 게, 신화일 수밖에 없다는 게 바울의 분명한 입장이다.**

한 사람으로 말미암아 죽음이 들어왔으니, 또한 **한 사람으로** 말미암아 죽은 사람의 부활도 옵니다. **아담 안에서** 모든 사람이 죽는 것과 같이, **그리스도 안에서** 모든 사람이 살아나게 될 것입니다.

(고린도전서 15:21-22)

복음서에서 예수의 삶은 동정녀 탄생으로 시작해서 부활로 마무리된다. 오로지 마태복음에만 등장하는 동정녀 탄생 이야기는 아예 분석이라는 단어가 무색할 정도로 짧고 허술하지만, 부활은 전혀 그렇지 않다. 예수 부활은 사실상 기독교를 만든 바울에게도 중요한 문제였고, 복음서가 빠짐없이 다루는 핵심 주제이기도 하기 때문이다. 그렇기에 진지한 기독교인이라면 부활에 대한 무조건적인 맹종에서 한 걸음 떨어져서 고민할 필요가 있다. 그와 더불어서, 부활은 문자 그대로 믿지만 창조와 아담은 상징 또는 비유로 받아들이는 기독교인이 있다면, 그건 바울의 가르침에 정면으로 대치된다는 사실을 기억해야 한다. 창조와 아담은 과학의 원리를 따르지만, 부활은 과학의 원리를 따르지 않는다는 말과 다르지 않기 때문이다. 부활에 관한 과학의 판단은 명확하다.

"죽은 사람은 다시 살아날 수 없다."

부활은 어차피 기적이니까 상관없다고? 그럼 왜 창조와 아담에 관해서는 과학의 결론을 받아들이는 걸까? 왜 그 사건들도 부활처럼, 하나님이 '기적적으로' 일으킨 사건이라고 믿지 못할까? 바울은 명확하다. 창조와 아담 그리고 부활, 이 모든 것이 다 역사였다. 그렇기에 창조와 아담을 역사로 받아들일 뿐 아니라 진화론을 온몸으로 거부하는 기독교인은 '근본주의자'라는 이름으로 조롱받아야 할 대상이 아니라, 바울 신학에 충실한 일관된 신앙인으로 존중받아야 한다.

지난 몇 년간 우리는 세월호 참사와 관련해 '박근혜의 7시간'이라는 미스터리에 시달렸다. 이 문제는 지금도 여전히 깨끗하게 풀리지 않은 것으로 안다. 만약에 크레이그를 비롯한 변증학자들에게 이 미스터리를 의뢰하면, 아마도 그들은 확실한 팩트부터 정리할 것이다. 그리고 그 팩트를 가장 잘 설명할 수 있는 가설을 찾을 것이다. 팩트라고 부를 수 있는 몇 가지가 있다.

1. 박 전 대통령은 7시간 내내 관저에 있었다.
2. 박 전 대통령을 믿는 지지자가 여전하다.
3. 감옥에 가서도 박 전 대통령의 주장은 전혀 변하지 않았다.
4. 재판에도 참석하지 않고 자신의 무죄를 주장하고 있다.

이 팩트를 가장 잘 아우르는 가설 또는 설명은 뭘까?

"7시간 동안 내내 관저에서 확실하게 컨트롤 타워 역할을 한 게 맞네. 그게 아니면 말이 안 되지. 무엇보다 꽤 많은 사람의 믿음도 변하지 않았고 또 감옥에까지 갔는데도 여전히 주장을 굽히지 않는 건, 7시간 쉬지 않고 일한 게 진실이기 때문이 아닐까? 게다가 본인에게 유리한 게 아닌데도 재판까지 안 가는 건, 오죽 억울하면 그러겠어? 그러니까 결론은 박 전 대통령은 7시간 내내 관저에서 확실한 컨트롤 타워 역할을 했다는 거야."

정말 그럴까? 이게 박 전 대통령과 관련한 네 가지 팩트를 가장 잘 설명하는 걸까? 우리는 그게 아니라는 사실을 잘 알고 있다. 이런 설명보다 훨씬 더 진실에 가까운 다른 설명이 얼마든지 있음을 잘 알고 있다.

이 장을 마무리하면서 영화 이야기를 하나 하자. 1996년도에 1편이 만들어진 톰 크루즈 주연의 〈미션 임파서블〉은 20년이 훌쩍 넘은 지금까지 제작되는 인기 영화 시리즈다. 2019년 현재 6편까지 제작된 이 영화에는 독특한 기술 하나가 1편에서부터 등장하는데, 다름 아닌 완벽하게 다른 사람으로 바꿔주는 가면이다. **그런데 이 가면이 점점 복잡해졌다.** 1편에서는 그냥 가면만 쓰면 얼굴은 말할 것도 없고 목소리까지 다 자동으로 바뀌었는데, 2편에서는 목소리를 바꾸기 위해 목에 칩을 별도로 부착해야만 한다. 그리고 4편에 가서는 칩을 목에 붙이는 것으로는 모자라 목소리를 미리 녹음해 분석하고, 그 분석을 바탕으로 만든 파일을 업로드까지 해야 하는, 훨씬 더 복잡한 과정이 등장한다. 그런 면에서, 이 영화는 '모순'이다. 시간이 갈수록 기술이 점점 더 발전하기는커녕 더 퇴보하기 때문이다. 1996년에는 그냥 가면 하나만 쓰면 목소리에서 외모까지, 모든 변신이 단번에 완료되었는데, 그로부터 20년이 더 흐른 세상에서는 변신을 위한 준비가 훨씬 더 복잡하고 어려워졌다. 왜 이렇게 되었을까? 세상이 달라졌기 때문이다. 논리적 사고의 진화에 따라 기술이 발전했기 때문이다. 시간이 가고 기술이 발전할수록 관객의 수준에 맞춰서 더 정교하고 설득력 있는 장면을 연출해야 했기 때문이다. 달리 말해 사람의 지식이 늘어날수록 질문이 생기기 마련이고, 그 결과 필연적으로 설명하고 검증해야 할 요소도 함께 늘어난다.

부활도 마찬가지다. 부활은 2,000년 전에 아주 단순하게 시작된 이야기였다. 무엇보다 바울이 만난 예수는 결코 복잡하지 않았다. 그에게는 그냥 스쳐 가듯 만나기만 해도 충분했던 게 부활한 예수였다. 그런데 복음서를 거치면서 부활한 예수가 점점 복잡해졌다. 아마도 신학적 그리고 정치적 견해가 충돌하면서 몸으로 부활한 예수가 필요해졌고, 그에 따라 부활한 예수는 음식을 먹을 뿐 아니라 몸에 흉터까지 지니고 다니는 아주 복잡한 존재가 되었다. 그런 예수를 합리적으로 설명하기는 결코 쉽지 않았다. 부활장과 복음서 사이의 메꿀 수 없는 괴리는 말할 것도 없고, 복음서 간의 심각한 모순을 조화롭게 설명하는 것은 사실상 불가능했다. 그러나 지난 2,000년 가까운 세월 내내 별문제가 없었다. 굳이 〈미션 임파서블〉의 가면처럼 고민할 필요도 없었다. 예수의 부활은 고민하고 질문해서는 안 되는 '교리'라는 절대반지였기 때문이다.

03

히브리 성경과
부활 DNA

부활, 역사인가 믿음인가?

얼마 전 기독교 영화를 하나 보면서 부활이 얼마나 중요한 문제인지를 새삼 깨달았다. 보수정통 기독교인이 아주 좋아할 〈신을 믿습니까?〉[1]라는 제목인데, 마지막 장면이 실로 압권이었다. 홈리스 모녀를 위해 자기 집을 내어주고 추운 겨울날 야외 벤치에서 잠을 잔 말기 암 환자는 그만 상태가 심각하게 악화되어 죽고 말았다. 그런데 죽은 지 무려 8분이 지나고 다시 살아났다. 더 놀라운 건 암까지 깨끗하게 완치된 상태로 말이다. 차마 자기 눈을 믿지 못하는 의사에게 그는 성경을 들고 이렇게 외친다.

"이런 나를 보고도 못 믿겠습니까? 아직도 못 믿겠습니까?"

마치 성경이 말하는 예수의 부활이 너무나 확실한데도 의심하는 사람들에게 변증학자가 외치는 말 같았다.

"아니, 빈 무덤에 변화된 제자들까지…. 이렇게 증거가 확실한데도 못 믿는다고요? 아직도 못 믿는다고요? 세상에 어떻게 그게 가능하지요?"

이 영화를 만든 감독이 신실한 기독교인임이 분명하다. 영화 전체가 '십자가 복음'으로 가득하다고 해도 과언이 아닌데, 그는 이렇게 생각했던 것 같다.

---

1   〈신을 믿습니까?〉(조나단 M. 건 감독, 2015).

'복음의 완성이 뭐겠어? 당연히 부활이지. 그러니까 이 영화의 클라이맥스는 죽음을 이긴 예수님이 생각날 수 있는 장면이 되어야만 해.'

부활은 지금도 이렇게 중요하다. 왜 그럴까? 바울 때문이다. 속된 말로 바울은 부활을 빼도 박도 못 하는 것으로 만들어놓았다. 부활이 역사적 사실이 아니라면 기독교의 믿음은 '헛된 것', 그 믿음을 가진 사람은 '가장 불쌍한 존재'가 되어버린다.

> 그리스도께서 살아나지 않으셨다면, 여러분의 **믿음은 헛된 것**이 되고, 여러분은 아직도 죄 가운데 있을 것입니다. …… 그리스도 안에서 우리가 바라는 것이 이 세상에만 해당되는 것이라면, 우리는 모든 사람 가운데서 **가장 불쌍한 사람**일 것입니다.
>
> (고린도전서 15:17, 19)

부활을 믿지 않으면 구원도 받을 수 없다.

> 당신이 만일 예수는 주님이라고 입으로 고백하고, **하나님께서 그를 죽은 사람들 가운데서 살리신 것**을 마음으로 믿으면 구원을 얻을 것입니다.
>
> (로마서 10:9)

부활이 이토록 중요하다면, 예수가 메시아라는 사실을 입증하는 핵심 증거가 부활이라면, 그리고 부활 믿음이 구원 여부까지 결정한다면, 부활에 관한 예언이 히브리 성경(구약성경)에 없을 리 없다. 왜냐하면 히브리 성경은 한마디로 메시아에 대한 예언으로 가득 찬 책이라는 게 기독교 신학의 주장이니까 말이다.[2] 기독교 신학에 의하면, 히브리 성경의 모든 스토리는 다 '예수'를 가리킨다. 이 주장을 생명의 탄생과 연결해서 살펴보면, 히브리 성경은 창세기부터 말라기까지 한마디로 예수의 예언을 잉태한 산모와 다르지 않다. 창세기 에덴동산에서 시작한 예수에 관한 예언, 이른바 '원시 복음'은 여자의 자궁에 착상한 정자다. 시간의 흐름에 따라 자궁 속 생명이 점점 아이의 형태를 갖춰가듯, 히브리 성경도 시간이 흐름에 따라 예수에 관한 예언을 점점 더 구체적으로 드러낸다고 기독교는 주장한다. 그리고 마침내 아이가 태어나듯, 예수에 관한 예언은 예수의 탄생과 함께 현실이 되었다. 신약성경의 처음이 복음서보다 훨씬 전에 쓰인 바울서신서가 아니라, 예수의 족보를 나열하는 마태복음으로 시작하는 이유가 바로 여기에 있다. 그렇기에 예수가 메시아라면 그의 DNA를 우리는 히브리 성경을 통해서 확인할 수 있어야 한다. 예수의 모든 DNA는 하나도 예외 없이 히브리 성경 속에서 찾을 수 있어야 한다. 부활도 예외가 아니다. 아니, 그 중요성에 비추어볼 때 부활은 더더욱 그래야 한다. 예수가 메시아라고 확신한 사도 바울은 그 누구보다 이 점을 잘 알았을 것이다. 그렇기에 그는 고린도전서 15장에서 부활에 관한 이야기를 쓰면서 가장 먼저, '성경대로'라는 구절을 넣었다. 즉, 예수의 부활에 관한 구체적인 예언이 히브리 성경 속에 있다는 것이다.

성경대로 우리 죄를 위하여 죽으셨다는 것과,

성경대로 사흘날에 살아나셨다는 것과

---

2   옥성호,『신의 변명』은 이 문제를 집중적으로 다룬 책이다.

나는 앞에서 고린도전서가 쓰이기 이전부터 기독교인이 암송했을 이 '신경creed'를 만든 사람이 바울일 것이라고 말했다. 설혹 바울이 아니더라도, 그의 영향을 받은 기독교인이 만들었지 결코 예수의 제자였을 리 없다고 강조했다. 그런데 이 구절을 읽으면 한 가지 의문이 떠오른다. 자, 창작자가 바울이라고 가정하고 질문을 던져보자.

"왜 바울과 같이 히브리 성경을 머리에 꿰는 사람이 막연하게 '성경대로', 그러니까 '히브리 성경에 예언된 대로'라고만 썼을까? 왜 구체적인 히브리 성경 내용을 인용하지 않았을까?"

애초 신경이 그렇게 만들어졌기 때문에? 만약에 그렇다면 신경의 저자가 바울이 아니라고 해도, 히브리 성경 속에 등장하는 구체적인 부활 예언 구절을 한두 개 추가하는 게 무슨 문제가 되었을까? 다른 사람도 아닌 바울이니 말이다. 그는 다른 서신서를 쓰면서, 특히 로마서의 경우에 수시로 히브리 성경에서 구절을 가져와서 인용했다. 그런데 왜 여기서는 그러지 않았을까? 상황이 그렇다 보니, 결국 우리는 '성경대로'가 가리키는 구절이 무엇인지 스스로 찾아야만 하는 처지에 놓였다.

첫 번째 '성경대로'가 무엇인지, 그러니까 메시아가 우리 죄를 위해서 죽는다는 내용이 히브리 성경 어디에 있는지 찾는 것은 생략하겠다. 나는 이미 『신의 변명』에서 그 문제를 집중적으로 다뤘고, 무엇보다 지금 우리의 관심은 부활이니까. 지금부터 두 번째 '성경대로', 그러니까 죽은 메시아가 3일 만에 다시 살아난다는 내용이 히브리 성경 어디에 있는지 찾아보도록 하자. 많은 성경학자는 메시아가 죽고 부활한다는 내용을 담은 히브리 성경 구절로 다음 2개를 꼽는다. 그러니까 바울이 '성경대로'라는 말을 쓰면서 머릿속에 그린 구절이 다음 2개라는 것이다. 첫 번째가 호세아서 6장 2절이다.

이틀 뒤에 **우리를** 다시 살려 주시고, 사흘 만에 **우리를** 다시 일으켜 세우실
것이니, 우리가 주님 앞에서 살 것이다.

(호세아서 6:2)

이 구절이 3일 만에 다시 살아난 예수에 관한 예언이 되기 위해서는,
이 구절 속 '우리'가 예수여야 한다. 과연 이 구절의 주어 '우리'가 예수
를 가리키는 걸까? 당장 "예수는 한 명인데 왜 '우리'라는 복수형을 썼을
까?"라는 질문이 떠오른다. 그러나 그게 문제의 전부가 아니다. 비록 복수
로 표현했지만, '우리'라고 지칭한 대상이 과연 예수와 어울리는 존재일
까? 이게 핵심이다. 바로 앞장 5장의 마지막 구절 15절을 통해서 '우리'
가 누구를 지칭하는지 알 수 있다. 이 구절은 하나님의 독백이다. 그러니
까 '나'는 하나님이고, 하나님이 가리키는 '그들'이 6장 2절에 나오는 '우
리'에 해당한다.

나는 이제 내 곳으로 돌아간다. **그들이 지은 죄를 다 뉘우치고**, 나를 찾을 때
까지 기다리겠다. 환난을 당할 때에는, **그들이 애타게 나를 찾아 나설 것이다.**

(호세아서 5:15)

하나님이 '그들'이라고 부르는 대상이 누구인지는 명확하다. 유대 민족
이다. 하나님은 유대 민족이 회개하고 돌아올 때까지 기다리겠다고 선언
한다. 이런 하나님의 말을 들은 유대 민족의 반응이 무엇인가? 바로 다음

히브리 성경과 부활 DNA

구절인 6장 1절이다.

이제 주님께로 돌아가자. 주님께서 **우리를** 찢으셨으나 다시 싸매어 주시고,
우리에게 상처를 내셨으나 다시 아물게 하신다.

(호세아서 6:1)

그리고 2절이 이어진다.

(하나님이) 이틀 뒤에 **우리를** 다시 살려 주시고, 사흘 만에 **우리를** 다시 일으
켜 세우실 것이니, **우리가** 주님 앞에서 살 것이다.

(호세아서 6:2)

이게 과연 죽었다가 3일 만에 부활한 예수를 예언한 구절일까? '우리'
가 예수가 되려면 예수는 하나님으로부터 이런 말까지 듣는 존재가 된다.

그들이 지은 죄를 다 뉘우치고.

지은 죄를 다 뉘우치고 애타게 하나님을 찾는 게 예수라고? 하나님의
경고를 듣고서야 비로소 정신 차리고 회개하면서 하나님께 돌아가는 존
재가 예수라고? 보수정통 신학자는 단지 '사흘'이라는 단어 하나 때문에
이 구절이 예수 부활을 예언한다고 주장하지만, 그건 참으로 도끼로 자기
발등을 치는 것과 다르지 않다. 그럼 왜 굳이 이 구절에 이틀이 지나고 사
흘 만에 살린다는 내용이 나올까? 여기에 대한 해석은 여러 가지가 있지

만, 이틀은 이미 두 번 불타버린 성전을 의미하고 사흘은 세 번째로 세워질 성전을 의미한다는, 랍비 라시[3]의 해석이 가장 타당해 보인다.[4] 그러니까 이 구절도 명확한 메시아 예언 구절 중 하나다. 히브리 성경이 그리는 메시아가 이룰 다섯 가지 성취 중의 하나가 바로 세 번째 성전을 세우는 것이기 때문이다.[5]

성전 파괴를 계기로 유대교는 사두개파의 제사장 중심에서 바리새파가 주도하는 랍비 중심의 신앙으로 바뀌었다. 비록 성전과 함께 제물을 바치는 제의가 사라졌지만, 랍비 중심으로 말씀을 연구하고 토론하며 암송하는 새로운 형태의 신앙이 본격적으로 자리 잡았다.

하지만 메시아가 오면 이 모든 것이 바뀐다고 했다. 무너진 성전이 다시 세워질 것이라고 했다. 메시아가 세 번째 성전을 세운다는 것이다. 이 예언은 사실 온 세계로 흩어진 유대 민족이 다시 예루살렘으로 돌아온다는 첫 번째 예언과 밀접하게 관련되어 있다.

왜 굳이 다시 예루살렘으로 돌아와야 할까? 성전이 다시 세워졌기 때문

---

3 라시(1040~1105)는 중세 프랑스의 랍비 학자다. 본명은 슐로모 이츠하키Shlomo Yitzchaki이며, '라시'라는 이름은 '랍비 슐로모 이츠하키'(히브리어: רבי שלמה יצחק)의 첫 글자를 따서 만들어진 이름이다. 탈무드의 주석 및 타나크에 대한 종합적인 주석을 남겼다. 라시는 성경 본문의 기본 의미를 간결하고 유려한 문장으로 제시하는 능력으로 정평을 얻었다. 그의 30권에 달하는 탈무드 주석은 바빌로니아 탈무드 전체를 망라하며, 1520년대에 다니엘 봄베르그에 의한 첫 탈무드 출판에 추가된 이래로 모든 탈무드 출판물에 기본적으로 포함되어 있다. 타나크에 대해서도 모든 수준의 학습자에게 필수적으로 참조되는 수준의 주석을 남겼다. 그 주석만으로도 300여 권 이상의 주석서에서 기본 바탕으로 취급되며, 라시의 언어 선택 및 주석의 분석 결과는 랍비 문학 분야의 주요 인물들에 의해 언급되었다.(출처: 한국 위키피디아)
4 https://www.chabad.org/library/bible_cdo/aid/16160#showrashi=true.
5 이사야서 2장 2-3절, 56장 6-7절, 말라기 3장 4절, 스가랴서 14장 20-21절 등.

이다. 온 세계로 흩어졌던 유대 민족이 다시 모여 다 함께 하나님께 예배하는 성소가 다시 세워졌기 때문이다.[6]

바울이 '성경대로'라고 쓰면서 머릿속에서 그렸을지도 모를 두 번째 구절은 시편 16편 10절이다.

주님께서 나를 보호하셔서 죽음의 세력이 나의 생명을 삼키지 못하게 하실 것이며 주님의 **거룩한 자를 죽음의 세계에 버리지 않으실 것이기 때문입니다.**
(시편 16:10)

이 구절은 반드시 예수의 부활을 예언하는 구절이어야만 한다! 왜냐하면, 사도행전 2장에서 저자는 베드로의 입을 통해서 이 구절을 포함한 시편 16편을 전반적으로 인용하면서, 예수 부활이 히브리 성경에 예언되었다고 설교하기 때문이다. 다시 말해서, **신약성경이 베드로의 입을 빌어서 강력하게 주장하는 부활 예언 구절이 바로 시편 16편이다.** 먼저 베드로가 뭐라고 말하는지 살펴보자. 베드로의 메시지는 명확하다. 시편 16편을 쓰면서 다윗이 부활할 예수를 생각했다는 것이다.

다윗이 그(예수)를 가리켜 말하기를 '나는 늘 내 앞에 계신 주님을 보았다. 나를 흔들리지 않게 하시려고, 주님께서 내 오른쪽에 계시기 때문이다. 그러므로 내 마음은 기쁘고, 내 혀는 즐거워하였다. 내 육체도 소망 속에 살 것이다.

---

6   옥성호, 『신의 변명』, 180쪽.

주님께서 내 영혼을 지옥에 버리지 않으시며, 주님의 거룩한 분을 썩지 않게 하실 것이다. 주님께서 나에게 생명의 길을 알려 주셨으니, 주님의 앞에서 나에게 기쁨을 가득 채워 주실 것이다' 하였습니다. …… 그래서 그(다윗)는 그리스도의 부활을 미리 내다보고 말하기를 '그리스도는 지옥에 버려지지 않았고, 그의 육체는 썩지 않았다' 하였습니다.

(사도행전 2:25-28, 31)

과연 그럴까? 천 년 후에 태어날 예수를 생각하면서 다윗이 시편 16편[7]을 썼을까? 시편 16편 1절은 이것이다.

하나님, 나를 지켜 주십시오. 내가 주님께로 피합니다.

(시편 16:1)

다윗은 지금 예수의 부활을 말하고 있지 않다. 예언을 읊조릴 만큼 여유 있는 상황이 전혀 아니다. 바로 옆에 있는 사람을 생각할 여유도 없다. 다윗은 지금 사울로부터 생명이 위태롭게 된 상태에서 살려달라고, 하나님께 애원했을 뿐이다. 그리고 그는 자신을 지켜주실 하나님을 믿으며

---

7 "하나님, 나를 지켜 주십시오. 내가 주님께로 피합니다. 주님께서 날마다 좋은 생각을 주시며, 밤마다 나의 마음에 교훈을 주시니, 내가 주님을 찬양합니다. 주님은 언제나 나와 함께 계시는 분, 그가 나의 오른쪽에 계시니, 나는 흔들리지 않는다. 주님, 참 감사합니다. 이 마음은 기쁨으로 가득 차고, 이 몸도 아무 해를 두려워하지 않는 까닭은, 주님께서 나를 보호하셔서 죽음의 세력이 나의 생명을 삼키지 못하게 하실 것이며 주님의 거룩한 자를 죽음의 세계에 버리지 않으실 것이기 때문입니다. 주님께서 몸소 생명의 길을 나에게 보여 주시니, 주님을 모시고 사는 삶에 기쁨이 넘칩니다. 주님께서 내 오른쪽에 계시니, 이 큰 즐거움이 영원토록 이어질 것입니다."(시편 16편에서 발췌)

10절에서 이렇게 고백한다.

> 주님께서 나를 보호하셔서 **죽음의 세력이 나의 생명을 삼키지 못하게 하실 것이며 주님의 거룩한 자를 죽음의 세계에 버리지 않으실 것이기 때문입니다.**
>
> (시편 16:10)

바로 이 10절이 베드로가 두 번이나 반복해서 말하는 부분이다.

> **주님께서 내 영혼을 지옥에 버리지 않으시며, 주님의 거룩한 분을 썩지 않게 하실 것이다.** …… 그래서 그(다윗)는 그리스도의 부활을 미리 내다보고 말하기를 '그리스도는 지옥에 버려지지 않았고, 그의 육체는 썩지 않았다' 하였습니다.
>
> (사도행전 2:27, 31)

다시 말하지만, 베드로가 이런 말을 했을 리 없다. 이미 앞장에서 사도행전 내용을 신뢰하기 힘든 몇 가지 이유를 설명했다. 그럼 사도행전을 쓴 익명의 저자는 왜 하고많은 히브리 성경 내용 중에서 시편 16편을 부활 예언으로 골랐을까? 왜 베드로의 입에서 이런 말도 안 되는 구절이 나오도록 창작했을까? 이유는 자명해 보인다. 16편 10절에 나오는 한 단어, '거룩한 자'라는 구절 때문이다.

> **주님의 거룩한 자를 죽음의 세계에 버리지 않으실 것이기 때문입니다.**

아마도 70인역 헬라어 성경을 보면서 그는 이렇게 생각했을 것이다.

"인간이 어떻게 하나님 앞에서 거룩해? 말이 안 되지. 게다가 다윗 하면 음란죄의 장본인인데, 그가 자신을 거룩하다고 말했을 리 없지. 그러니까 이건 다윗이 예수님을 생각하고 한 말이 분명해."

한마디로 사도행전을 쓴 사람이 히브리 성경에 무지한 기독교인일 수밖에 없는 이유다. 유대교에 따르면 거룩한 자는 예수의 피를 믿는 사람이 아니라, 하나님 앞에서 죄를 고백하고 돌이키는 사람을 가리킨다.

히브리 성경에는 하나님이 인정한 의인이 적지 않게 나온다. 그들은 범죄하지 않아서 인정받은 게 아니다. 가장 대표적인 인물이 다윗이다. 노아도 마찬가지다. 인간은 죄를 짓지 않아서 의로운 게 아니라 죄로부터 돌이키기 때문에 의롭다. …… 히브리 성경에서 회개하고 돌이킬 때 그 어떤 '중보자'를 필요로 하지 않는다. 어디에도 그런 메시지는 없다. 하나님과 나 사이에 있는 누군가에게 내 죄를 전가하고 그 사실을 믿어서 의롭다 함을 받지 않는다. 그런 '믿음'은 히브리 성경 그 어디에도 존재하지 않는다. 오로지 스스로의 회개와 돌이킴만이 필요하다.[8]

게다가 다윗이 자신을 향해 거룩하다고 부른 건 16편이 다가 아니다. 시편 86편에서 다윗이 자신을 뭐라고 묘사했는지 보자. 한국어 성경은 '경건하오니'라고 했지만, 다행히 킹제임스 성경은 원어를 정확하게 번역했다. 다윗은 자신을 '거룩한 자'라고 불렀다.

---

8 옥성호, 『신의 변명』, 89, 92쪽.

나는 **경건하오니** 내 영혼을 보존하소서 내 주 하나님이여 주를 의지하는 종을 구원하소서.⁹

(시편 86:2)

Preserve my soul; **for I am holy**: O thou my God, save thy servant that trusteth in thee.

상황이 이렇기 때문에 바울은 '성경대로'라고밖에 쓸 수 없었다. 천하의 사도 바울조차도 도저히 구체적인 구절을 찾아서 인용할 수 없었다. 그 결과가 무엇일까? 바울 서신 이후에 나온 복음서와 사도행전에 등장하는 '무리수'다. 사도행전 저자는 막 살펴본 대로, 베드로의 입을 통해서 '말도 되지 않는' 부활 예언을 시편에서 가져왔다. 그리고 마태복음 저자는 황당하게도 예수의 입을 통해서, 자신을 하나님의 명령을 거역하고 도망간 요나와 동일시하는, '요나의 표징'이라는 말을 만들어냈다. **죽었다가 3일 만에 다시 살아나는 메시아에 관한 예언은 히브리 성경에 나오지 않는다.** 다시 강조하지만, 히브리 성경이 그리는 메시아는 적의 손에 잡혀서 비참하게 죽는 존재가 아니라, 승리를 가져다주는 위대한 왕이다. **메시아가 죽는다는 예언이 없는데, 메시아가 다시 살아난다는 예언이 있을 리 없지 않은가?** 이처럼 예수의 DNA는 조작되었다. 히브리 성경에 비추어 볼 때 부활의 DNA는 메시아와는 전혀 상관이 없다. 죽었다가 다시 살아난다는 메시아에 대한 기록이 히브리 성경에 아예 없기 때문이다. 바울이

---

9   "그러나 나는 신실하오니, 나의 생명을 지켜 주십시오."(새 번역)

'성경대로'라고 주장했지만, 그런 '성경대로'는 아예 없다. 다시 바울의 말로 돌아가자.

> 그리스도께서 살아나지 않으셨다면, 여러분의 **믿음은 헛된 것**이 되고, 여러분은 아직도 죄 가운데 있을 것입니다. …… 그리스도 안에서 우리가 바라는 것이 이 세상에만 해당되는 것이라면, 우리는 모든 사람 가운데서 **가장 불쌍한 사람**일 것입니다.
>
> (고린도전서 15:17, 19)

나는 이 말이 전혀 사실이 아니라고 생각한다. 다시 말해서, 부활이 사실이 아니어도 기독교의 믿음은 얼마든지 가치 있고, 또 기독교인은 조금도 불쌍한 존재가 아니다. 부활 콤플렉스에서 벗어나서도 얼마든지 기독교 신앙은 나름의 의미를 가질 수 있다. 만약에 정말로 바울이 단언한 것처럼, 그러니까 하나님이 '부활'에 모든 것을 걸었다면, 우리 손에는 훨씬 더 많은 증거가 있을 것이다. 그러나 지금까지 이 책 전체를 통해서 살펴본 것처럼, 그런 증거는 우리 수중에 없다. 한마디로 부활에 관한 증거의 빈약함은 바울의 이런 장담을 무색하게 한다. 따라서 다음과 같은 질문이 떠오르지 않으면, 그건 정말로 이상한 거다.

"왜 하나님은 부활을 이토록 허술한 증거 위에 올려놓았을까?"

만약에 누군가의 생존을 좌우하는 중요한 메시지가 우리 손에 들려 있다면, 그리고 우리가 그 누군가에게 연민을 가지고 있다면, 우리는 갖고 있는 그 메시지가 사실임을 입증하는 모든 증거와 더불어 최대한 정확하게 전달할 것이다. 절대로 애매하지 않게 그리고 무엇보다 제대로 된 증거를 갖고 있지도 않은, 신뢰할 수 없는 중개자를 통해서 그 중요한 메시지를 전하지 않을 것이다. 반대로, 도저히 믿을 수 없는 사실을 제시하면서, 듣는 사람이 그것을 믿지 않는다고 욕하거나 벌하지 않는다. 결정적 증거를 제시하지 않았기에, 그들이 믿을 것을 기대하지 않는 게 당연하다.[10]

충분한 증거를 제공하지도 않으면서 부활 믿음을 근거로 하나님이 인간을 심판한다고 생각하지 않는다. 하나님이 기독교가 말하는 '사랑의 신'이라면 더더욱 그렇다.

여기까지 글을 쓰니까 몇 가지 중요한 질문이 떠오른다. 기독교는 예수의 죽음처럼 고귀한 희생이 없다고 한다. 과연 그럴까? 만약에 부활이 역사적 사실이라면, 딱 3일만 죽었다가 다시 살아나는 건데, 그런 십자가의 죽음이 뭐 그리 대단한 '희생'이 되는 걸까? '희생'이라는 단어를 들을 때면 떠오르는 사람들이 있다. 사육신이다. 가혹한 고문에 사지가 찢겨서 죽는 '거열형' 그리고 무엇보다 집안의 모든 여자는 다 성노예와 다름없는 관비로, 또 모든 남자는 아예 싹 다 죽어서 씨가 말라버리는…. 물론 단종을 위한 죽음이 무슨 가치가 있는지에 대한 평가야 다르겠지만, 사육신의 죽음 앞에서 고작 3일 있다가 다시 살아났다는 예수의 죽음을 차마 비교나 할 수 있을까? 그게 뭐가 그리 대단한 희생이라는 거지? 게다가 신약성경이 말하듯 예수는 다시 살아나서 엄청난 보상까지 받았다.

---

10   https://infidels.org/library/modern/richard_carrier/resurrection/lecture.html.

하나님께서는 그(예수)를 지극히 높이시고, 모든 이름 위에 뛰어난 이름을 그에게 주셨습니다. 그리하여 하늘과 땅 위와 땅 아래 있는 모든 것들이 예수의 이름 앞에 무릎을 꿇고 모두가 예수 그리스도는 주님이시라고 고백하여 (빌립보서 2:9-11)[11]

기독교는 예수를 우리 죄를 대신 지고 죽은 '어린 양'에 비유한다. 요한복음 저자는 그 점을 강조하려고, 예수의 처형 날짜까지도 공관복음서와 달리 유월절 '양 죽이는 시간'에 맞췄다. 양이 대속 제물로 가치 있는 이유는 죽기 때문이지, 죽었다가 다시 살아나기 때문이 아니다. 다시 살아난다면, 그게 무슨 희생인가? 게다가 예수는 자신이 죽고 다시 살아날 것을 너무 잘 알았다. 그런데 왜 겟세마네에서 십자가의 잔을 마시기 싫다고 그토록 발버둥친 걸까? 물론 십자가의 고통을 인간의 머리로 상상이나 하겠는가마는…. 그래도 딱 3일인데, 그 시간만 지나면 되는데 말이다.

또 하나 떠오르는 질문은 기독교의 핵심 교리 중 하나인 '삼위일체'다. 삼위일체를 보통 이렇게 설명한다.

'성부, 성자, 성령이 세 분이지만 본질에서는 동일한 한 분입니다.'

다른 말로 예수와 하나님이 같은 본질, 하나라는 말이다. 그럼 물어보자. 예수가 죽었을 때 그게 진짜 죽음이라면 본질이 죽었다는 뜻이다. 따라서 예수가 죽으면 하나님도 죽는다. 성령도 다 죽었다. 예수가 죽었는데 하나님이 살아 있다면, 그건 예수의 본질이 죽은 게 아니기 때문에 진

---

11   이 구절은 삼위일체라는 개념을 파악하는 데 매우 중요하다. 논증 시리즈 2권으로 나올 '삼위일체 논증'에서 자세히 살펴볼 예정이다.

짜로 죽은 게 아니다. 그냥 연기자가 드라마에서 죽은 연기를 한 것에 지나지 않는다. 예수의 죽음이 진짜 죽음이라면, 그리고 삼위일체가 맞는다면, 누가 누구를 살린다는 걸까? 그런데 신약성경에 의하면 하나님이 죽기는커녕, 정작 죽기까지 충성한 예수를 다시 살리고 하늘 높이 들었다고 한다.

> (예수는) 자기를 낮추시고, 죽기까지 순종하셨으니, 곧 십자가에 죽기까지 하셨습니다. 그러므로 **하나님께서는 그를 지극히 높이시고, 모든 이름 위에 뛰어난 이름을 그에게 주셨습니다.**
>
> (빌립보서 2:8-9)

삼위일체에 근거해서 볼 때, 이게 말이나 될까?

삼위일체가 맞는다면 예수가 죽을 때 하나님도 죽었고, 죽은 하나님이 죽은 예수를 다시 살릴 수는 없다.

예수의 부활처럼 삼위일체가 말이 되지 않는다는 것을 반증하는 것도 없다. 신약성경을 조금만 읽으면 '요한복음' 저자를 제외한 신약성경 저자, 그 누구도 '삼위일체' 비슷한 생각조차 가지고 있지 않음을 쉽게 알 수 있다. 그러나 신약성경 저자들도 모르던 새로운 생각이 약 200년이 지나면서 생겨나더니, 그만 '정통'이 되어버렸다. 이제는 삼위일체에 의문을 제기하는 순간, '이단'이 되고 정죄 받는 새로운 세상이 되었다. 그러나 예수의 부활과 삼위일체는 결코 조화될 수 없다.

마지막으로 덧붙일 이야기는 이것이다. 나는 꽤 오랫동안 성경에 오류가 없다는, 성경은 무오하다는 증거를 찾기 위해서 애썼다. 그러나 이제는 안다. 오류로 가득 찬 신약성경은 아무런 잘못이 없다는 것을. 잘못은 2,000년 전에 쓰인 글에 오류가 있을 리 없다고 철석같이 믿고 살았던 나였다는 사실을. 모순을 볼 때마다 그럴 리 없다며 발버둥 치면서 가르쳐 달라고 기도하던 나였다는 사실을.

1972년에 초판이 나온 미국의 유명한 변증학자 조쉬 맥도웰[12]의 책, 『판결을 요구하는 증거Evidence That Demands a Verdict』는 아직까지 끊임없이 개정판이 나오는 스테디셀러. 1999년 판 서문을 쓴, 대학생선교회(CCC)를 창시한 빌 브라이트 목사[13]는 이렇게 단언한다.

지난 55년간 복음을 전하면서 나는 부활의 증거를 정직한 마음으로 면밀히 검토한 사람 중에서 예수 그리스도가 하나님의 아들이라는 사실과 우리의 구원자임을 부인하는 것을 본 적이 없다. 부활의 증거는 정직하고 객관적인 마음으로 찾는 사람이라면, 바로 압도당할 정도로 너무나 결정적이기 때문이다. 그러나 내가 만난 모든 사람이 다 이 예수 그리스도를 구원자요 또 주님으로 받아들인 건 아니다. 그들이 믿지 않은 건, 결코 부활의 증거가 부족

---

12 1939년에 태어난 조쉬 맥도웰은 회심한 회의론자이자 세계적인 선교단체 CCCCampus Crusade for Christ의 명강사다. 대학생 시절 그리스도를 영접한 후 지금까지, 우리의 일상에 개입하시는 실존하는 하나님에 관한 개인적인 증언과 객관적 증거를 세상에 제시해왔다. 조쉬 맥도웰은 휘튼대학교를 졸업하고 캘리포니아에 있는 탈봇신학교에서 석사학위를 받았다. 1961년 미국 CCC 간사가 되었고, 그 후 조쉬맥도웰미니스트리JMM, Josh McDowell Ministry를 설립하여 세계를 누비며 오늘날 젊은이들이 직면하고 있는 문제들에 대한 성경적 해법을 선포하는 강사가 되었다. 그는 84개국, 700여 개 대학에서 1,000만 명이 넘는 청년들에게 말씀을 전했다. 지금까지 110권 이상의 책을 단독, 공동으로 저술했고, 이 책들은 세계적으로 3,500만 부 이상 판매되었으며, 미국기독교출판협회에서 선정한 골드메달리언 상을 네 차례나 수상했다. 국내 출간된 저서로는 『누가 예수를 종교라 하는가』(두란노), 『기독교 변증 총서』, 『다빈치 코드 그 해답을 찾아서』(이상 순출판사), 『성경을 경험하라』 등이 있다.(출처: 엑스 24)

13 빌 브라이트William R. 'Bill' Bright(1921~2003).

해서가 아니다. 그건 그들이 단지 믿기를 거부했기 때문이다.[14]

과연 그럴까? 정말로 부활의 증거가 정직한 사람의 눈에 압도적일 만큼 객관적이고 결정적일까? 여기까지 이 책을 읽은 사람이라면, 이제 이 질문에 대해 스스로 답할 때가 되었다. 누군가는 부활을 역사가 아니라 신화 내지 전설이라고 생각할 것이고, 또 '세속적 증거'가 없으니까 더 진리라고 생각하는 사람도 적지 않을 것이다. 또 크레이그 같은 변증학자의 논리가 내가 펼친 논리보다 훨씬 더 설득력 있다고 보는 사람도 있을 것이다. 여기까지 이 글을 읽은 독자라 하더라도, 부활에 관한 결론은 모두 다를 것이다. 결국 판단은 각자의 몫이다. 그러나 부활을 바라보는 사람마다 결론이 다르다는 것은 빌 브라이트가 말한 것처럼 마음이 열리고 닫히고의 문제가 아니라, 그만큼 부활의 역사성에 문제가 많다는 것을 반증한다. 그게 뭐가 되었든지 간에, 무슬림이 보면 이슬람의 결론이, 힌두교인이 보면 힌두교의 결론이 그리고 기독교인이 보면 기독교의 결론이 나온다면, 다른 건 몰라도 역사성과는 하등 관계없는 주제를 다루었음을 의미한다.

단지 '역사성'이라는 이름의 가면을 쓴 신앙고백일 뿐이다.

부활도 마찬가지다. 빌 브라이트는 단지 확신에 찬 신앙고백을 증거라고 외쳤을 뿐이다. 다시 말하지만, 부활이 역사라면서 들이미는 증거들은 하나같이 신앙고백이다. 진짜 문제는 이런 신앙고백을 여전히 '역사적 사실'이라고 우기면서, 결코 건드려서는 안 되는 교리로 성역화하는 경우다. 교리가 무서운 이유는 딱 하나, 더 이상 질문하지 않도록 하며, 그런 사람

---

14   Michael J. Alter, *The Resurrection: a Critical Inquiry*(Xlibris, 2015), 745쪽.

을 이단, 즉 죄인으로 몰기 때문이다. '삼위일체' 교리도 마찬가지이다. 하나님이 인간을 이성적이고 합리적으로 창조했다는 성경을 굳이 언급하지 않더라도, 인간이 생각하는 존재라는 건 확실하다. 생각하는 인간이기에 놀라운 주장을 만날수록 압도적인 증거를 찾는 건 너무나 당연하다. 교리는 그런 인간의 본질을 '불신앙'이라는 이름으로 정죄하고 부정한다. '부활을 믿습니까?'라는 질문에 '그렇습니다'라고 대답하는 기독교인의 90% 이상은 아마도 이렇게 덧붙일 것이다.

"증거 때문에 믿는 건 아닙니다. 내가 부활을 믿는 이유는 그리스도께서 내 안에 살아계시기 때문입니다."

그런 고백은 고백 자체로 가치 있다. 그러나 그런 사람이 증거가 없어서 받아들일 수 없다는 사람에게 손가락질하는 것은 잘못되었다. "이해해서 믿는 게 아닙니다. 믿기에 이해합니다"라고 말했다는 어거스틴의 궤변을 모두에게 강요할 수는 없는 일이다. 이제는 바울이 채워놓은 '부활 족쇄'를 벗어버릴 때가 되었다. 그래야 더 큰 족쇄도 벗을 수 있다. 족쇄는 믿음도, 신앙도 아니다. 절대 반지가 되어버린 교리가 족쇄다. 주류가 누구냐에 따라서 변화무쌍하게 가면을 갈아 쓰는, 바로 그 교리가 족쇄다. 무엇보다 성경이 역사라는 착각부터 벗어 던져야 한다.

자신을 진보적이라고 생각하는 기독교인 중에는 부활을 은유로 보면서 대단히 수준 높은 신앙을 가진 것처럼 착각하는 사람들이 적지 않다. 그러나 반드시 기억해야 하는 사실이 있다. 부활을 서술한 신약성경 저자 중 그 누구도 부활을 은유나 상징으로 생각하지 않았다는 점이다. 바울에게 부활은 실제로 발생한 역사였다. 그러나 복음서 저자들에게 부활이 무엇이었는지는 확실하지 않다. 바울처럼 역사라고 믿었을 수도 있지만, 단지 신앙에 꼭 필요하다는 생각에 당시 유통되던 전승에 적절하게 살을 붙이는 식으로 창작했을 가능성도 적지 않다. 달리 말해, 복음서 저자들은 부활의 역사성을 믿지 않았을 수도 있다. 그럼에도 그들은 부활을 '역사'로 포장했다. 즉 **부활에 관해서 쓴 신약성경 저자 그 누구도 은유와 상징으로 부활이 가치를 가진다고는 생각하지 않았다.** '진보'라는 이름을 달고 저자의 의도와 전혀 다르게 텍스트를 이해하면서, 그 텍스트를 인생의 길잡이로 삼는 것은 문제가 있지 않을까?

히브리 성경을 보면 신약성경과 달리 내세가 없다는 주장도 적지 않게 발견할 수 있다.[15] 아래 구절만 봐도, 그런 생각을 잘 볼 수 있다.

물이 말라 버린 강처럼, 바닥이 드러난 호수처럼, 사람도 죽습니다. 죽었다 하면 다시 일어나지 못합니다. 하늘이 없어지면 없어질까, 죽은 사람이 눈을 뜨지는 못합니다.

(욥기 14:11-12)

살아 있는 사람에게는, 누구나 희망이 있다. 비록 개라고 하더라도, 살아 있으면 죽은 사자보다 낫다. 살아 있는 사람은, 자기가 죽을 것을 안다. 그러나 죽은 사람은 아무것도 모른다. 죽은 사람에게는 더 이상의 보상이 없다. 사람들은 죽은 이들을 오래 기억하지 않는다.

(전도서 9:4-5)

---

15   나는 『신의 변명』 에필로그에서 기독교에서 구약이라고 부르는 히브리 성경과 신약이 기독교에서 한 권으로 묶여 '성경'으로 불리는 게 미스터리라고 썼는데, 시간이 갈수록 그 생각은 점점 더 굳어져간 다. 그만큼 히브리 성경과 신약은 다르기 때문이다.

한번 생각해보자. 죽은 후에 아무것도 없다는 히브리 성경이 맞을까, 아니면 천국과 지옥을 가르는 심판이 있다는 신약성경이 맞을까? 내세가 없다는 히브리 성경 본문 때문에 우리의 미래가 달라질까? 내세가 확실 하게 있다는 신약성경 때문에 죽은 후 우리의 미래가 달라질까? 알 수 없 는 일이다. 내가 아는 것은 '지금'뿐이니까. 내가 확실하게 볼 수 있는 것 도 '지금'뿐이니까. 우리의 미래를 결정하는 것은 성경에 무슨 글이 쓰여 있는가가 아니라, 오로지 지금 내가 여기서 어떻게 사는가, 그것뿐이다. 내가 바꿀 수 있는 건, 영원이 아닌 '지금'뿐이다. **부활은 증거가 전무한 픽션이다.** 그 이상도 이하도 아니다. 미래의 부활을 믿는다는 신앙고백보 다 더 중요한 것은, 나의 '지금'이 풍성한 생명을 품은 순간으로 다시 살 아나는 것이라고 확신한다. 부활 이야기가 나의 '지금'을 더 풍성하게 한 다면, 그것만으로도 부활이 가진 가치는 충분하다고 생각한다. 그런 삶을 사는 데 부활이 중요한 동기가 된다면, 비록 픽션이지만 그 속에 숨은 가 치는 결코 적지 않다고 생각한다.

믿음은 선택의 문제가 아니다.

사랑하는 마음을 선택할 수 없는 것과 다르지 않다.

믿음은 합리적이든 아니든 간에, 어떤 이유로든지 간에 마음이 움직여서 설득되는 것being convinced이다.

코스타 가브라스 감독이 만든 영화 〈뮤직 박스〉(1989)는 세상에서 가장 존경하던 아버지가 느닷없이 2차 대전 당시 경찰 조직의 일원으로 헝가리 양민을 학살했던 전범으로 고발당하자, 아버지의 혐의를 벗기려고 애쓰는 변호사 딸의 이야기다.

"내가 아는 아버지가 그럴 리 없지. 아버지가 어떤 사람인지는 평생 아버지와 산 내가 가장 잘 알지. 뭐라고? 이름을 다 가짜로 만들고 불법으로 미국에 이민을 왔다고 아버지, 걱정하지 마세요. 내가 아버지의 혐의를 깨끗하게 벗겨드릴게요."

영화 내내 딸은 이렇게 다짐하고 또 외친다. 아버지의 혐의가 사실이 아니길 바라는 마음이 딸보다 더 간절한 사람이 또 있을까? 내 마음이 그렇다. 지금도 나는 부활이 진실이기를 바란다. 모든 기독교의 주장이 진짜이기를 바란다. 나는 실로 오랜 시간을 아버지의 혐의를 벗기려는 마음으로 노심초사 뛰어다닌 딸처럼, 기독교가 진리임을 확인하려고 발버둥쳤다.

얼마 전 친한 후배가 전화하더니 다짜고짜 물었다.

"형, 아버지 사랑하세요? 우리 옥 목사님 사랑하세요?"

"당연히 사랑하지."

"얼마나 사랑하세요?"

"내가 아들이니까 아들이 아닌 너보다야 최소한 열 배 이상은 더 사랑하겠지."

"근데 왜 자꾸 이상한 글을 써요?"

얼마 전 나름 나를 아끼는 선배가 내 손을 잡고 말했다. 그 사람이 『신의 변명』을 막 읽은 후였다.

"이런 거, 그냥 혼자 알고 있으면 안 돼? 굳이 책을 써서 왜 잘 믿는 사람들 힘들게 해? 무엇보다 옥 목사님 존경하는 사람들의 마음에 상처를 줄 필요 없잖아?"

후배와의 짧은 전화 한 통화와 나를 위하는 마음으로 충고한 선배의 말은 내가 자초한 상황을 함축적으로 보여준다. 인간은 성분을 특정할 수 있는 물질이 아니다. 인간은 살아 있는 생명체다. 살아 있을 뿐 아니라 끊임없이 움직이고 변화하는 역동적 존재다. 무엇보다 인간은 생각하고 탐구한다. 지금 되돌아보면, 무려 40년이 넘는 시간 동안 나는 태생적으로 주어진 것을 의심하지 않고 살았다. 어릴 때부터 배운 성경이 진리라는 전제에서 단 한 치도 벗어나지 않고 살았다. 그런 울타리에서 벗어난 지난 10년은 비록 힘들었지만, 조금씩 변하고 발전해가는 행복한 시간이었다. 나는 이런 나를 사랑한다. 이른바 '은혜'라는 것을 받아 감격에 온몸을 부르르 떨던 때보다 지금이 훨씬 더 살아 있음을 느낀다.

내가 지금 이 책을 쓸 수 있었던 것도 '진짜로' 살아 있기 때문이다.

이 책은 애초에 나올 계획이 없었다. '예수에게 던지는 열 가지 질문'이라는 제목의 책을 낼 마음으로 나는 열 가지 주제를 정하고 각각 A4 10장 내외의 글을 준비하고 있었다.?

"예수는 왜 죽었는가?" "왜 본디오 빌라도는 그토록 예수를 살리고 싶어 했는가?" 등.

그중 하나가 "예수는 정말로 부활했는가?"였다. 부활에 관한 10페이지 정도의 글을 완성하고 평소 내 글을 검토하는 편집장에게 보냈을 때 돌아온 대답이 이 책의 시작이 되었다.

"이렇게 허술하게 부활이라는 주제를 다룰 바에는 아예 책에서 빼세요. 부활이 기독교에서 얼마나 중요한지 모르세요?"

아예 '부활'만을 다룬 한 권의 제대로 된 책을 내자고 결심하게 된 동기가 되었다. 항상 그렇듯이 주제를 결정하면 참고할 자료부터 검토한다. 부활과 관련한 자료를 찾으면서 가장 놀란 사실은, 부활에 관한 책이 생각보다 너무 적다는 것이다. 이 책에서도 몇 번 인용한 N. T. 라이트의 책을 빼고는, 솔직히 인터넷에서 찾아 읽어도 충분한 수준의 책이 전부였다. 초기 기독교 연구로 이름이 높은 제임스 던이 쓴 『부활』이라는 책은 너무 허술(?)해서 충격적일 정도였다. 부활이 기독교에서 가진 가치를 생각하면 이해하기 힘든 현실이었다. 한편으로, '바울 때문에 그런 건가?'라는 생각도 했다. 본문에도 썼지만, 부활을 그토록 중시하는 바울이 정작 부활에 관해 쓴 내용은 차마 할례에 비할 수 없는 정도로 허술하고 미약하니까. 또 하나 천국과 지옥에 관한 책이 거의 없다는 점을 생각해도 수긍이

가는 부분이 있다. 부활과 내세, 둘 다 검증이 힘들다는 건 마찬가지니까. 그러면 칭의, 구속 등의 주제는 검증이 가능한가? 어차피 검증이 불가능하다. 그럼에도 관련 신학책들은 적지 않게 출간된다. 아마도 부활은 '죽은 사람은 다시 살 수 없다'라는 과학적 결론이 이미 난 주제지만, 칭의와 구속의 구원에 관한 내용은 100% 신학적인 주장이기에 그럴 것이다.

기독교에서 나온 정통 부활 관련 책도 몇 권 되지 않았지만, 부활을 반박하는 책은 아예 찾기 힘들었다. 우리나라 학계가, 특히 종교계가 가야 할 길이 아직 멀다는 사실을 새삼 깨달았다. 그런 측면에서, 이 책이 당연히 다뤄야 하지만, 침묵하는 주제에 대한 연구를 촉진하는 계기가 되었으면 좋겠다. '성역과 금기'가 없는 사회는 성숙한 사회다. 종교도 다르지 않다. 성역과 금기가 없는 종교가 성숙한 종교다. 기독교가 우리 사회에서 가진 비중을 생각할 때, 기독교가 더 성숙해지는 것이 우리 사회에 너무나 필요하다. 그러려면 결국 기독교 안에 겹겹이 쌓인 성역과 금기가 하나씩 사라지는 것이다. 이 책이 기독교를 성숙하게 하는 데 조금이라도 도움이 되기를 바란다. 나와 다른 의견을 무조건 '이단'이라고 몰아붙이는 기독교가 성숙해지는 것은 결국 사회의 성숙으로 이어지기 때문이다.

언제가 될지 몰라도 '부족한 기독교에서 ○○○ ○○까지'라는 책을 꼭 쓰고 싶다. ○○○ ○○은 아직까지 쓰지 못한, 기독교와 관련한 나의 마지막 책 제목이 될 것이다. '부족한 기독교' 시리즈를 통해서 복음을 살리겠다고, 말씀이 살아 넘치는 교회를 만들고 싶다는 열정을 품었던 것처럼 내가 왜 지금 아나스타시스를 쓰게 되었는지, 내 지난 10년의 여정을 담은 책을 꼭 쓰게 될 것 같다. 그건, 내가 잘났다고 자랑하기 위해서가 아니다. 그건, 비록 스무 살 옥성호는 만나지 못했지만, 누군가는 스무 살에 만

에필로그

231

나 행운이라 여기는 책이 바로 그 책이 될지도 모르기 때문이다. 비록 나는 많이 늦었지만, 누군가는 태생을 뛰어넘어서 나보다 훨씬 더 빨리, 더 나은 인생을 살기 바라기 때문이다.

2019년 가을

옥성호